给教师的建议

叶圣陶　著

中国友谊出版公司

只 为 优 质 阅 读

目录

教育工作者的全部工作就是为人师表

我在《教工》杂志去年的第三期上题过如本篇标题的一句话，现在方明同志要我把这句话大略申说几句，就执笔写这一短篇。

第一点——通常说教育工作分“言教”和“身教”，以“身教”为贵。这是不错的。不过仔细想想，要是自己不明白某些道理，不擅长某些方法，怎么能说给学生听？这是一层。要是光能说明某些道理和方法，而在平日的实践中并不按照自己所说的道理和方法行事，那给与学生的不良影响是不必细说的。所以凡是自己的实践必须跟说给学生听的一致，这是又一层。从以上说的两层看来，“言教”并非独立的一回事，而是依附于“身教”的；或以言教，或不言而教，实际上都是“身教”。“身教”就是“为人师表”，就是一言一动都足以为受教育的模范。

第二点——知识学问无止境，品德修养无止境，这是古今中外凡是有识见的人一致的认识。所以就个人来说，谁也不该固步自封，说我是够了，凭我现在这一身本领，可以应用一辈子了。至于教育工作者，担负的既然是教育工作，就不能不就当前国家的形势，就受教育者的前途，考虑该怎样“自处”。当前国家的形势怎样？两个文明必须大力推进，四化建设必须赶速完成，全国各族人民都在为此而勤奋努力，各方各面都开展前所未有的新局面。受教育者的前途怎样？回答一句话就可以概括：唯有投身到上面所说的洪流中去，各自尽一份应尽的力量。受教育者的前途既然是这样，教育工作者自当从这些方面训练他们，熏陶他们。就教育工作者个人方面来说，当前国家的形势既然如此，自己是全国各族人民中的一分子，本该德才兼备，知能日新，一心为公，实事求是。何况自己担负的是教育工作，无论言教或是不言之教，总之要把自己的好模样去教人，才能收到训练和熏陶的实效。把自己的好模样之教人就是“为人师表”。

第三点——“知也无涯”，没有接触过的事物不能知，没有探索过的道理不能知。现在是二十世纪八十年代，人类的进步事业飞速发展，宏观世界和微观世界的奥秘都有极其丰富的发现发明。但是绝没有到了尽头，很可能没有发现发明的比已经发现发明的还多得多。所以谁也不能是全知全能的人，只能是个“知之为知之，不知为不知”的人。教育工作者当然也如此。不过教育工作者必须为当前的受教育者着想，将来攀登新高峰窥见新奥秘的正是他们，非趁早给他们打基础不可。基础怎么打？还是身教为要。事事不马虎，样样问个为什么，受教育者看在眼里，印在心里，自然而然会养成钻研探索的良好习惯。至于一切事物后来居上的道理，历史洪流好比接力长跑的道理等等，虽然只能言教，如果例证确凿，说理透彻，受教育者也会受到良好影响。我以为在当今的时代，这是教育工作者为人师表的极其重要的一项。

我就说以上三点，自知不免有重复处、欠透彻处，请方明同志和本刊的广大读者予以指教。

1984年3月1日作，

刊《教工》月刊4期，署名叶圣陶。

教师必须以身作则

小学生守则二十条，全是简短的话，口气是小学生自己对自己说。实施小学生守则，就是要小学生拿这些话勉励自己，管住自己，在语言、举止、态度各方面养成好习惯。这些好习惯是小学生学习和劳动的时候所必需的，是社会主义社会的人不可缺少的，所以非养成不可。

要使小学生真从心里说出这些话，真有勉励自己管住自己的愿望和意志。只给他们讲一讲守则，叫他们念一念守则，当然不济事。教师必须随时随地给他们说明或者暗示，什么是好的，为什么好，什么是坏的，为什么坏，让他们经过自己的体会，终于喜欢那好的，厌恶那坏的。这当儿，他们才觉得守则的话正是他们要说的话，才觉得非拿这些话勉励自己管住自己不可。觉得守则的话正是他们要说的话，这就有了自觉性。觉得非拿这些话勉励自己管住自己不可，这就有了积极性。必须在小学生的自觉性和积极性的基础上，守则的精神才能贯彻在他们校内校外的生活里。

教师教学生靠语言，讲一堂课，谈一番话，语言是不可少的工具；可是要知道，决不能光靠语言。教师讲了一大堆有道理的话，可是他的实际生活并不那样，他的话就不会对学生起多大作用；或者讲了什么是不好的，可是他的实际生活里就有那种不好的成分，那就会给学生很坏的影响：他们至少要想，原来话是可以随便说的，说的话跟实际生活是可以正相反背的。唯有教师的话跟他的实际生活完全一致，不但像通常说的“说得到，做得到”，而且要做得到才说，情形就大不相同。那时候学生非常信服，愿意照着教师的话积极地实行，因为面前的教师就是光辉的榜样，他们觉得跟着教师走是顶大的快乐。我国古来有所谓“身教”，就是说教师教学生不能光靠语言，还得以身作则，真正的教育作用在语言跟实际生活的一致上。这样看来，教师必须以身作则，小学生守则才能有效地实施。

举个例子来说。譬如进出屋子要开门关门，这是寻常的事，可是门怎么样开怎么样关，就有应该注意的地方。要是砰的一声推开，又砰的一声关上，那就在短时间内发出两回讨厌的声音，给屋内屋外的人两回刺激。人家在那儿做事用心思，听见砰的一声多少要受些妨碍，就是不在那里做什么，也会感觉怪不舒服的。所以咱们要教小学生从小养成习惯，轻轻地开门，轻轻地关门，能不发一点儿声音最好。门有各式各样，要做到开关任何式样的门都很轻，甚至不发一点儿声音才好。养成了这么个习惯好像没有大关系，可是在开门关门这件事上，这才真正做到了小学生守则第十六条里说的“不妨碍别人的工作、学习和睡觉”。推广开来想，在开门关门这件事上能够不妨碍别人，不就是在其他事情上也能够不妨碍别人的基础吗？把轻轻开门轻轻关门的心放到一切事情上，同样地养成习惯，不就什么举动都不至于妨碍别人了吗？这样看来，轻轻开门轻轻关门实在不是一件小事。可是，咱们不留心也罢，要是留心一下，没有轻轻开门轻轻关门的习惯的人事实上并不少。他们开门关门的时候好像正跟门生气，碰见弹簧门就非常珍惜自己的手劲，再不肯抓住门的把手，耳朵是听惯了，砰砰的声音听而不闻，因而决不会想到在一进一出的当儿给了人家多少麻烦。我这个话决非随便乱说，读者不妨留心自己的周围，准可以发现那样的人。要是教师刚好是那样的人，那就至少在开门关门这件事上不能使学生养成好习惯，不能叫学生不妨碍别人。理由很清楚，就在他不能以身作则。学生会想，教师也是那么砰的一声进砰的一声出的，自己为什么不能砰的一声进砰的一声出呢？尽管教师说得口枯舌干，不妨碍别人有多大道理，还是收不到一点儿效果。要是教师能够以身作则，情形就完全不同了。教师的每一回进出都是给学生示范，使他们觉得唯有那么轻轻地开关才是正当的举动。而且这并不是什么难以做到的事，有教师的榜样在，教师轻轻地开关，不是好像行所无事吗？这当儿，教师尽可以不说什么话，即使要说，也不用多说，因为这是“身教”，不说或者少说足够收效了。再说，要说的大概也不是“你们得轻轻地开关”之类的话，而是指明大家在安宁的环境里学习和工作，不受别人烦扰，多么愉快，多么有效果的话。总之，说的话不但要使学生明白一些道理，而且要使学生亲切地得到一些实感，感到那种好的环境非努力争取不可。学生的自觉性和积极性就是从这里来的。于是他们永远也忘不了“不妨碍别人”的话，永远拿这个话来勉励自己，管住自己。

前边一节话把开门关门这件事作例子来说，其实什么事情都一样。要叫学生怎么样，教师自己先得做到这个怎么样，要叫学生不怎么样，教师自己先得做到这个不怎么样，这就是以身作则。

现在且不说旁的条目，只就小学生守则里有关不怎么样的条目说一说。守则里有关不怎么样的共有六条，就是第四条、第七条、第十三条、第十六条、第十七条、第十八条。要叫小学生真从心里说出这些话，真拿这些话勉励自己，管住自己，教师就得在日常生活里完全做到这些个不怎么样。第四条里有“不迟到，不早退……”的话，教师就应该问问自己，无论干什么事情，自己有不守时刻的毛病吗？第七条里有“不随便说话，不做别的事情”的话，教师就应该问问自己，无论干什么事情，自己有游心外骛，不能专心致志的毛病吗？第十六条里有“不骂人，不打架……”的话，第十七条里有“不骗人，不赌博……”的话，要是教师自问都能够“不”，这些恶行自己都不犯，还应该问问自己，平时在辞气和神色之间，自己有鄙夷不屑、蛮横粗暴的表现吗？平时在对人对事方面，自己有欠诚实、贪图私利的存心吗？自问之后，要是答案全都是没有，那是最值得欣慰的事情。为什么最值得欣慰？因为这就可以以身作则，给学生教守则的这些条目，收到切实的效果。要是答案是有，或者有一点儿，那就非赶紧戒除不可，无论自己的这种毛病轻还是重，自己的这种表现厉害还是不厉害，自己的这种存心深沉还是不深沉，总之要戒除得干干净净，不让在自己身上留下一丝儿根芽。为什么要这样做？因为不这样做就不能以身作则，就没法给学生教守则的这些条目，收到切实的效果。

关于不怎么样的条目如此，关于要怎么样的条目也如此。教师自己不努力做个好教师，能叫学生“努力做个好学生”吗？教师自己不跟周围的人友爱团结，互相帮助，能叫学生“和同学友爱团结，互相帮助”吗？以此可以类推，不必多说。

小学生守则已经公布，全国各地将积极地、有步骤地贯彻执行，我诚恳地对全国小学教师贡献这一番话。我相信全国小学教师都怀着为人民服务的意愿，必然能够以身作则，实行“身教”，使小学生真从心里说出守则的这些话，真拿这些话勉励自己，管住自己。

1955 年 4 月 3 日作，

原题《实施小学生守则，教师必须以身作则》，

刊《小学教师》4 期，署名叶圣陶。

教师怎样尽责任

今年是制订第一个五年计划的年头，全国人民拥护这个五年计划，愿意尽心竭力实现这个五年计划，现在逢到国庆，庆祝的心情特别热烈。我怀着这样的心情写这篇短文，跟教师们共同庆祝国庆。

实现五年计划的是人，第一个计划之后还有第二个第三个，实现这些计划直到建成社会主义社会的是人，而教师就是培养这大批大批的人的，所以教师非常光荣，可是担当的责任也很不轻。这个道理谁都明白，我不多说。我说一说教师怎样尽他的责任。

我想，教师首先要认识他所教的学生。学生的状貌、性情、家庭情况之类固然必须认识，可是我所说的认识并不指这个。

排列在教师面前的学生将做什么样的人，这能不明确地认识吗？学生目前处在什么样的社会里，这个社会将过渡到什么样的社会，他们在这里头将起什么样的作用，这能不明确地认识吗？我所说的认识就指这个。

对这个有了明确的认识，才能就学生的体质方面、知识技能方面、道德品质方面、思想感情方面，脚踏实地地按部就班地做培养工作。这个认识是根本，是源头，不抓住根本，不探到源头，培养工作就成无本之木，无源之水，结果必然是培养不好，徒劳无功——也就是没有尽教师的责任。所以，教体育也好，教语文也好，教史地也好，教理化也好……都不能按“为什么而什么”的公式办事；必须从学生出发，认清楚教体育、语文、史地、理化……跟培养学生的总目标有什么关系，该怎样教才达得到培养学生的总目标。教的是某一门功课，为的是针对着总目标给学生必要的培养。

说到怎样教，对学生还得有所认识。不认识他们身体发展的情形，怎能培养好他们的体质？不认识他们获得知识和掌握技能的过程，怎能培养好他们的知识技能？不认识他们躬行实践该取什么途径，怎能培养好他们的道德品质？不认识他们的思想形成和感情深化的过程，怎能培养好他们的思想感情？这些都必须认识，不然，任你辛辛苦苦地教，实际上只是盲目地教——也就是没有尽教师的责任。所以，生理学、心理学、教育学之类非钻研不可。钻研这些学科越深，认识学生身心就越真，教起来就越有把握。

关于认识学生，就说到这儿。

其次，我想，教师要经常注意，让学生把学到的种种东西运用到实践里去。换句话说，无论知识、技能、思想、道德，教得学生懂不得说不清，当然非常不好，就是教得他们懂得了说得清了，也还是不够，因为懂得了说得清了还可能跟实践脱节。必须让学生懂得一分就在实践里运用一分，懂得两分就在实践里运用两分，才算教得真有了效果。不为在实践里运用，学生还有受教育的必要吗？再打个比喻，把知识、技能、思想、道德教给学生，必须让学生像吃了适当的食品一样，把它充分消化，化为自身的血肉。

这跟前一点有连带关系。对学生认识得透彻，自然会知道学生受教育为的什么，自然会把所教的一切东西归结到实践，因为影响到他们的实践才真是教了他们。

教功课必须用课本，但是讲明了课本，让学生记住了课本，决不能就算了事（不讲明课本当然更不能算了事，那不必说了）。课本只能当工具看，当手段看。通过这些工具和手段，使包含在里头的种种东西在学生的思想、意识、行动、工作方面起积极的作用，这才是目的。教师要尽责任，就得努力达到这个目的。

所以，教语文不仅要学生熟读课本，更重要的是使学生在生活里扩大词汇，掌握语言的规律，增长表达的能力，从文学作品的阅读里提高思想的境界。教自然地理不仅要学生记住课本，更重要的是使学生在生活里熟悉地理环境，无论水流风吹，天气变化，都能知道该怎么样适应，该怎么样利用。教植物动物也不仅要学生记住课本，更重要的是使学生在生活里熟悉周围的那些植物动物，它们怎么样跟环境一致，它们怎么样发育生长，都能知其所以然，而且能利用这些所以然为人们的生活谋福利。……不再一科一科列举了。总之，教学不能不从课本入手，可是决不能限于课本里的语言文字，课本里的语言文字原是实际的反映，必须通过它而触及实际的本身。要是学生头脑里有这么一种印象，课本是一回事，实际又是一回事，彼此连不到一块儿，那就是教学上的大失败。

再说，教给学生行为的规范和道德的标准，不能不用语言讲明一些道理。教师不给讲明，学生就不明白那些道理，怎么能自觉地实践呢？但是，决不能讲过就算，最要紧的还在随时考查学生是不是自觉地实践了。给他们讲，目的就在要他们自觉地实践，要是他们不能自觉地实践，那就等于没有讲，非重新考虑，另想办法不可。列宁说过，对青年的教育不在于灌输给他们一切令人悦耳的道德的词句，而在于自觉地斗争，在于在日常生活里养成共产主义的行为标准和规范。口头讲说诚然是一种重要的办法，可不是唯一的办法。照列宁的话，好好地从旁辅导，让学生作自觉的斗争，在日常生活里自动地合乎标准和规范，这种“不言之教”是一种有效的办法。还有，教师以身作则，教师本身的行为就是标准和规范，也是一种极有效的“不言之教”。

关于让学生把学到的种种东西运用到实践里去，就说到这儿。

可以说的很多，以上两点是最主要的。要做到这两点，得付出无量的心思和劳动，努力不懈，终身以之。可是，我知道教师们为了在这伟大的时代尽分内的责任，一定乐于付出无量的心思和劳动。

1955年9月19日作，

刊10月1日《文汇报》，署名叶圣陶。

“瓶子观点”

一个空瓶子，里边没有东西。把什么东西装进去，就不是空瓶子了。装得满满的，就是实瓶子了。

不知道从什么时候起，我们爱把受教育的人看成瓶子。瓶子里短少些什么，就给装进些什么。譬如，发觉思想政治教育不够好，立刻想到恢复政治课，发觉学生的劳动观点不怎么强、他们不怎么热爱劳动，立刻想到在语文课里补充些“劳动教材”（有关劳动模范、先进生产者之类的文章）。这样做法，目的很明显，愿望很单纯：把政治课装进瓶子，思想政治教育就见成效了，把“劳动教材”装进瓶子，学生就加强劳动观点、热爱劳动了。

仔细想想，恐怕并不是这么一回事。

说唯有政治课能收思想政治教育的成效，言外之意就是其他学科跟思想政治教育不大发生关系，至少收不到什么成效。依我的想法，其他学科跟思想政治教育都有关系，只要教得好，都能收思想政治教育的成效。不着眼在其他学科上，光把希望寄托在政治课，政治课也会像其他学科一样，收不到思想政治教育的成效。

认为多读几篇“劳动教材”就可以加强劳动观点、热爱劳动，倒过来说，不就是学生所以不爱劳动，在于少读了几篇“劳动教材”吗？天下事有简单到这般地步的吗？依我的想法，读几篇“劳动教材”固然没有害处，可是也起不了多大作用。我相信这是习惯的问题，是生活实践的问题。学生劳动的习惯，应该而且可能在各学科的学习中养成，在课外的各种活动中养成，逐渐养成，不断实践，这才能够终身以之。

正因为把学生看成瓶子，“装进些什么”的想头不召而自来。怎么“装”？一方面讲一讲，一方面听一听，在一讲一听之间，东西就装进了瓶子。东西既然装进了瓶子，瓶子里既然装进了东西，不是立刻会起作用吗？这诚然是个好意的愿望，可惜这样的愿望不免要落空。

瓶子是装东西的，当然不会独立思考。我们且不要责备学生不怎么善于独立思考，先得反省反省，我们的“瓶子观点”是不是学生不怎么善于独立思考的原因之一。

瓶子是装东西的，东西装在瓶子里，东西自东西，瓶子自瓶子，不起什么混合作用或是化合作用。两种作用都不起，还有什么旁的作用呢？于是巴望起作用的愿望落空。

我们有个好传统，求知识做学问要讲“躬行实践”，要讲“有诸己”。知识学问不是装饰品，为了充实生活，为了做社会里一个有意义的人，为了社会的进步和发展，所以我们要求知识做学问。小学生中学生学的东西虽然浅，道理也一样。因此，什么东西都不能装了进去就算，装了进去考试能得五分也未必就好，必须使所学的东西融化在学生的思想、感情、行动里，学生的思想、感情、行动确实受到所学的东西的影响，才算真正有了成效。这不是“装”的办法所能做到的，这必须用名副其实的教育，讲一讲，听一听，固然也有必要，可是一讲一听不等于教育。运用种种方法，使学生能够把所学的东西化为自身的东西（这就是“有诸己”），能够“躬行实践”，才是名副其实的教育。

我们现在有“学以致用”“联系实际”的说法，就是从我们的好传统来的。“瓶子观点”跟这些说法不对头，换句话说，名副其实的教育不是这么一回事，可是“瓶子观点”时时地露脸，很活跃似的，不免杞忧，于是写这篇短文。

1957 年 5 月 24 日作，

刊 6 月 3 日《文汇报》，署名叶圣陶。

今日中国的小学教育

我是个小学教师，小学教育界的情形，当然比他人晓得得详细些。就我所晓得的情形而论，竟可说“不如意事常八九”，好现象纵不是没有，至多只有二三分罢了，因此感喟频兴，思潮起落，觉得非改弦更张不可。这篇文字，一半算是我自己和一部分小学教师的忏悔，一半算是改弦更张的一个“楔子”。但愿读者不以人废言，将篇中所说审察一番，便是作者无上光荣了。

一朵花，一棵草，它那发荣滋长的可能性，在一粒种子的时候早已具备了。但是有些种子竟不能发芽，便发了芽，竟有苗而不秀、华而不实的。这是什么缘故呢？先天的遗传有什么不完全的地方，遭逢的环境有什么不适宜的地方，是一种原因；那从事栽培的种植家不知植物的可能性，横加摧残，是又一种原因。称职的种植家栽培植物，虽不能增加植物的可能性，却能渐渐改良那不良的遗传性和环境。不称职的种植家非但不能改良遗传性和环境，反而阻遏可能性，那么植物就糟了。如今把植物比作小学生，小学教师便是个种植家。栽培小学生有效没有效，只有他负责任。

如今小学教师的缺点，就在欠修养功夫。无论什么事业，我们去做它，必须先把这项事业的价值理解明白。既经理解，我们确信这项事业是高尚的，神圣的，便一举一动都和它有精神的侔合，这便是成功的基础，便是修养。小学教育的价值是什么呢？这个问题已经过几许学问家的讨论，答案很不一致。若叫我下个完全的答案，我如今也没有这样的能耐。但是我常常自问：小学教育是为着小学生的，小学教师是栽培小学生的，我们究竟希望小学生达到怎样的地步呢？我便想，若是单叫他们模仿古人的行径，记忆古人的思想，那么有记载前言往行的“陈编”在那里，识些字懂些讲解便完事了，要什么小学教育？若是单叫他们学得一技一艺，得以养家活口，那么各项商业工业有招收学徒的办法，否则也只消办些艺徒学校、商业学校就可以了，要什么小学教育？原来人之所以可贵，并不在他既已为人，乃在他将进而为更高尚的人。一个人的所作所为，如果能参加整个人类的进化历程，便算是个有价值的人。那么真实明确的人生观，当然是每个人必须具有的了。这真实明确的人生观不是随随便便就可以认识到的；但是又不能东寻西找，耗费了许多光阴，直到下半世才认识到。必须在幼年的时候就能认定方向，纵然没有什么“人生观”的名词在脑际，却走一步进一步，自然而然不走到岔路上去，才能越进越真切，不白做了一世的人。这幼年的时候，不就是做小学生的时候吗？替小学生定个方向，使他们对准了方向，充分发挥他们的可能性，不就是小学教育的力量吗？所以我们可以说：小学教育的价值，就在于打定小学生一辈子有真实明确的人生观的根基。

我在上文说过，小学教师是栽培小学生的，如今要使小学生有一种真实明确的人生观，要用种种方法去陶冶他们，自己就不可不先有一种真实明确的人生观。如今的小学教师对于人生的问题，我并不武断，竟可说十之七八还没有讨论过。原来处世立身，定个见解，无论是好是坏，均得称为人生观。然而“道其所道，非我所谓道”，要求切合于人生的真实明确的“道”，他们就茫然无所闻了。其实中国各界的男女大抵如此。自己的方向还没有定，却要引导他人；自己从事的事业的价值还没有理解，却要做这项事业，陶冶他人：这是可能的吗？若是不可能，却虚有其表，挂个“为人先导”的招牌，岂不是戴着假面具闹着玩吗？这就是小学教育没有好成绩的根本原因——教师没有真实明确的人生观，没有修养功夫。

如今一般的小学教师抱的是怎样的人生观呢？原来我们中国人凡是称为读书明理的，从传统上环境上总带着几分学究气息，他们的人生观就是什么“继承道统”“宣扬圣道”，等等。这些话如果真实明确的，切合人生的，自当称赞他们窥见了真际，不必可怜他们辱没了自己的个性。但是他们所说的“道统”“圣道”，都玄之又玄，找不出真际来。在他们看来，“继承道统”“宣扬圣道”是人间一种特别神圣的事业，超出人生的普通行为之上，不是普通人都能做的事业，就因所谓的“道统”“圣道”只可以“神会”的缘故。他们还在庆幸自己的人生观“玄之又玄”，不可捉摸，超出于普通的行为之上；究其实际，他们这些话只配在他们“摇头”“摇笔”的时候运用，若说切合普通行为的人生观，他们一些也没有，简直同无知无识的人没有差别。如今做小学教师的虽然不能说都是这一辈学究，大概也不免沾些气味，带些色彩。他们抱定了他们的笼统玄妙的不切合人生的人生观去陶冶小学生，于是说：“欲为圣贤便为圣贤，欲为豪杰便为豪杰，唯在立志而已。”圣贤豪杰是怎样构成名词的？这个“志”又怎样立法？他们就不去研究了。他们又把道德上的“玄名”

作为训育的材料，什么“诚”“敬”“恭”“俭”，许多名词说了一连串，便算“我尽我心”了。他们不知道这些名词不过是从各种行为概括出来的一种“玄名”。他们也不想用怎样的方法，才能使学生的种种行为配得上这些“玄名”。他们“循名遗实”“倒果为因”，结果教育自教育，学生自学生，教育和学生不发生什么关系，自然难以得到好结果了。

学究气味的小学教师，总的病根在于他们的笼统玄妙、不切合人生的人生观，若要洗刷一新，非去掉旧的，找到正路，用真实明确的人生观来替代那旧的人生观不可。可是要找到这替代品可不像从前那么容易，只需摇摇头摇摇笔就可以完事。人生活在世间占个怎样的地位？人的知能是怎样的性质？种种社会是怎样的情状？个人处于社会中应当怎样？这等问题，都要切切实实做个答案。要做这等答案，又先要把关于这等问题的各门科学，如生物学、人类学、心理学、社会学、伦理学、论理学、哲学等等，下一番切实的研究功夫，从各门科学中得到切合现代人生的概念；把这些概念并合起来，找出个“人之所以为人”的道理，才能立定真实明确的人生观的根基。试问现在的小学教师，对于这种种科学抱的是什么态度？莫名其妙、从未接触过的是一类；略一涉猎便嗤为无用的是一类；至于明白科学的重要，处在“教人”

的地位，还肯在那里孜孜不倦研究的，实在是寥若晨星了。我曾想过，那些学究气味的小学教师习染已深，根性难改，也不必加以责备了；那些受过完全师范教育的教师，都研究过上面所说的各种科学，他们的人生观与那些学究气味的总有所不同吧？然而考查他们的实际，竟和我的想法大不相同。他们在师范学校里，就把伦理、心理等等学科看作最无味的东西，一上这些课头便胀了，不过为了分数不得不勉强敷衍一下；等毕了业，做了教师，这等无味的东西快快撵出脑海还来不及，谁还肯费心思去研究。另一方面，那学究气味的人生观不消用分析的方法去精确研究，就可以笼笼统统，供“摇头”“摇笔”时应用；他们欢喜的正是容易和普通，于是舍彼就此，自然而然加入了学究的行列。他们把学术看作无用之物，不是表示真理不是必需的吗？真理既然不是必需的，教育事业还有什么价值可言！

小学教师欠缺修养功夫，教育事业的根本就得了病，一切设施大概是错的；即使不错，也只会枝枝节节做去，决不能做到根本上。我这句话，随便找些事实都可以证明。小学教师没有切合人生的人生观，对于教育就没有确定的主义；但是身为教师，又不可不有一种主义做幌子，于是人家主张的主义，只要它是通行的，有势力的，便亦步亦趋地拿来主张。人家说“军国民教育”是强国的根本，他们便叫学生唱《从军乐》，练习野战；人家说职业教育是富国的基础，他们便叫学生织草鞋、编竹席。这些主义是正当的还是不正当的？是全面的还是偏乖的？究竟哪一种是应当主张的？他们却不从学术上和自己的理性上下一个断语——大概他们没有这能力。最妙的是熔各种主义于一炉，凡是世人主张的，他们应有尽有，不管是水乳交融的，还是相互矛盾的，其实牵强附会，舍己从人，简直没有自己的主义。人家主张的主义，有许多是迎合社会、迁就现状的；他们对于社会现状但求相容，本来没有矫正社会改进现状的趋向。教育和社会本当互相适应，脱离了社会，教育便失去根据。所谓“适应”，贵在顺进化之理，以备应付将来；若以现状为已足，只求受教育者和现状相应，那么教育便成了一部印书机，还有什么价值！那盲从“印书机”的教育主义的人，不是走入了迷途吗？再说，人家抱定一种主义，用种种手段去贯彻它，才定下许多设施；设施的精神并不在设施的本身，而在他那主义。若是不明白这种主义的精神，单把许多设施搬来，这样“邯郸学步”，枝枝节节，支离破碎，勉强厮混，可以断定是劳而无功的。

凡是自己没有真实明确的人生观的人，对于他人的情性和希望，也模模糊糊，弄不明白。小学教师没有确定的主义，大半由于他们不明白学生现在的情性和将来的希望。学生有怎样的可能性？学生要求于学校的是什么？学生将来最好要做怎样的人？这等题目，他们都答不上来。他们只从自己的模糊的偏见来定一切设施，只拣那最容易的不用费心的做去。对于训导和管理，他们所取的唯一的方法叫作“严格”，六七岁的孩子便须规行矩步，不许他们有活动的自由。孩子的情性是最活动不过的，勉强他们受拘束，就不免有耐不住的时候，依旧活动起来。这时候教师如临大敌，仿佛官吏对待乱民一样，定要设法压服了他们，自己才神恬心安。除了这“如临大敌”的时候，除了上课的时候，教师和学生就没有接触的机会。从这个现象就可看出，他们主张教师是训斥学生的，因为学生好捣乱，具有劣根性的缘故。这个主张其实也谈不到训导管理，不过是摧残学生的可能性，使他们的可能性日渐消灭罢了。这个主张的反面，还有个最容易最不用费心的方法，就是“放任”。这种放任主义，若出于“顺着孩子的天性，引导他们接近那切合人生的人生观”的见解，那是再好没有了。可惜的是他们只做那上半句，并没有做完全。小学生的许多行为，确也有染了恶习的，那决不能说是他们的天性；然而抱放任主义的教师一律放任，不想个方法，谋个补救。大家说改良社会首在教育，尤其是最普及的小学教育。如今小学生染了社会的恶习，教师没有能力帮他们洗刷，却要以教育去改造社会，岂不是个梦想！我想，做教师的果真要使训导收到效果，应当以生物学、心理学等等做起点，把儿童的情性详细研究一番，然后本着自己认识人生观的方法，顺了他们的天性，指导他们也走上正当的轨道。这期间，教师怎样指导怎样纠正，都是满足学生对于学校的要求。种种现象在我跟前呈现，各不相同，我只需抱定了根本大法，就是使小学生打定具有真实明确的人生观的基础，随机应付；切不可执定一种方法，以牢固的成见去应付千变万化的现象。况且学生并非处于“被治者”的地位，所以连“宽猛相济”的“治道”也不适用，还说什么“严格”，说什么“放任”！

书籍的作用，简单说来只是古人的思想行为的符号。古人的思想行为已经到了什么地步，我们认为是不错的，就拿来作根据再向前进步，省得重走那古人已经走过的路；若认为是错的，就改个方向，省得跟古人同入迷津。要知道古人的思想行为是怎样的，不得不去寻找古人思想行为的符号，这就是读书。学校教育要叫学生读书，便是这个意思。但是要注意，读书是要学生知道“以往”，为“未来”做准备。

那些没有切合人生的人生观的教师不很领会读书的作用，只知道自己是读过书的，别人也是读过书的，以为读书是人生一件特别的事情，于是也叫学生读书；至于怎样才能使读书跟人生发生关系，要怎样读法才能引导学生为未来做准备，他们就不去问询了。他们最勤恳的功夫便是参考古典，罗列考据，做教科书的注释家。至于教科书里的材料是不是切合人生的？是不是为未来做准备所必要的？离开了教科书，是不是别无教授的材料？这等问题，他们是决不敢想的。我想学生受这样的教授，若是不很用心，倒是他们的造化；如果全部容受，无不记忆，那么吃亏就不浅了。为什么这样讲呢？读书只求记忆，没有研究的方法，没有实验的机会，那就不会切合人生，丝毫没有用处。然而听讲、记忆、背诵，一件件做去，却费了许多精神，占了许多时间。一个人在幼年的精神和时间是何等可贵，无端被教师引导用在“死读书”上了，就同抛在汪洋大海里一样。这是吃亏的第一层。幼年吃了亏，走错了路，将来改换方向，弥补缺憾，即使容易，许多精神和时间已经耗费了，如果不耗费而用在正当的方面，将来的成功定能增加许多。何况习惯既成，便根性难移；幼年所做的功夫，用“盲从”两个字便可概括，那“喜明辨”“爱真理”的可能性已渐渐澌灭无余，将来处理人生事务就脱不了随波逐流，没有自己的主张，到那时受旁人批评，说什么“不知道人之所以为人”“做了他人的奴隶”，不都是现成话吗？这是吃亏的第二层。然而究竟是谁的罪过呢？

上面说的，是那些完全领受教师的教训的学生，其余的学生对于这样的教授又怎样呢？他们会想：“我睁开眼来，看见天然界的现象是最好玩不过的。我走到各处，看见种种人为的事业是最奇妙有趣的。但是教师要我们读书，这有什么趣味！拘束了我的身体，耽搁了我东寻西找的工夫；什么课什么课上个不完，不知为的什么。难道不读书就不能做人！”我想他们这样想实在也难怪，儿童的天性本是注重事实的，欢喜自己去做的，凡是合乎他们天性的，他们就愿意知道它，学会它；与他们的天性不相侔合的，他们就不想知道，不高兴学。学校教育定出各种科目叫学生学习，只为帮助他们确定切合人生的人生观，那么应当就他们耳闻目见的种种事物，把研究的方法、推理的途径，一一给以指导。为教授的便利起见，把种种事物分析开来，便有了关于身体、关于修养、关于知识的种种科目，许多科目统贯起来只是一条线索，就是帮助他们确定切合人生的人生观。学生在学习的时候，觉得样样是事实，样样有趣，样样做得到，他们便分外勤奋。这时候他们觉得很有用得着书籍的地方，他们便去读书。因此可见，教师教各种科目，教各种教科书，并不是教过就完事了，还要以教育的价值为出发点，适应着学生的天性，拣那学生需要的给他们指导。教师日常教的虽是某科某书，然而心思力量必须集注在这个出发点上，那么所有的设施才有根基，没有茫无目的的弊端。又因为要使学生为“未来”做准备，当然不能只教给他们以往的成法和科学的结果，须知“成法”和“结果”是有限的，“未来”却是只顾进步没有穷尽的，所以最要紧的是引导他们练成能处置未来，进而使自己成为更高尚的人的动力。但是如今的小学教师，只顾教书的竟占了大多数，却不管学生是否需要，能否容受。其中也有很热心的，他们把以往的成法，科学的结果，凡是自己懂的，一一明明白白教给学生，很有手段，而且确无谬误；学生自己不必费什么心力，只需记住教师的教授就算受到“衣钵”了。其实这两种教法都算不得学校教育，却把学校变成了“学科杂货店”；学生到学校里来，充其量不过得到些学科的皮毛，还说不到货真价实。由于教法的不得其当，学科各个独立，没有认定教育的价值是共同的出发点，教历史的只顾教他的历史，教算术的只顾教他的算术；各种学科互相没有关联，也没有适应人生事务的应用方法。我曾听见一个商人批评学校教育说:“学校里头科目太多，徒费学生的精神，有什么用处！”他这样说固然没有明白教育的价值，然而用来批评当前大多数学校的教育现状，也不能说他不对。

小学教师对教育没有主义，对教授没有根本的出发点，那么教育事业就非常简单了，教师只需逢场作戏，做一天和尚撞一天钟，今天不登场，不做和尚，和教育便没有丝毫关系；换一句话说，他们做教育事业是适逢其会，偶一为之，至于精神的侔合，是根本就没有的。他们抱着这等态度，对事业的成功和失败便不负责任，所以对于学校里的一切设施只求省事，只求“无为而治”；什么校园、运动场、工作场、会堂、图书馆、博物室等等设备，什么集会、工作、运动、旅行、考察种种活动，他们一概看得无足轻重，可省即省。目前许多学校的设施不能周妥，经费的缺乏固然是一个大原因；但是这种种设施可以使学生接触实际事物，促进他们求知求能，发展他们的可能性，使他们认识到真实明确的人生观，因而决不能抛弃，应该从省俭方面去寻找替代。也有许多学校虽然有这等设施，然而设施是死的，怎样利用它们使学生得到知识和能力，还需要活的手段。教师的手段全仗他的修养，教师若没有修养，便同没有技术的工匠一样，对着机械只好瞪着眼看，不知道如何使用。然而他们并不感到自己的缺憾，原来他们置备这等设施之初意，不过看人学样，用来做学校的装饰品，他们甚至把学生也当作学校的装饰品。所以现在一般的学校不是枯寂无味，像座古庙，便是五花八门，像个杂乱的古董铺，没有意义，没有生气，没有趣味。他们把学校弄得非常简单，仿佛是天地间的一个特别的境界；而家庭和社会，都没有这样简单。家庭是学生产生的地方，学校却和家庭不同；社会是学生将来发展的地方，学校又和社会不同，然而学生偏偏要进这样的学校，在这特别的境界里消磨上许多岁月。学生等到毕了业，出了学校，却依然故我，没有得到处理家庭事务和社会事务的较好的方法。这究竟是怎么一回事呢？就因为学生一进这样的学校就觉得没趣，就把学校里所教授的抛在一旁，心思和气力都用到学校以外的事物上去了，那么社会上的种种弱点不免乘虚而入。这不是一个弊端吗？学生到学校里来，本想为“未来”做准备，如今学校和家庭社会都格格不入，学生即使努力也是枉费心力；那些惰性较深的索性看穿了，不去枉费心力了。然而为着未来的人生，决不能没有准备；如今把做准备的时间胡乱葬送了，学生将来的一生也就可想而知了。这不是又一个弊端吗？

小学教师不明白教育的真价值，又容易流于偏重形式的弊端。他们不知道学生的情性怎样，便把学生当作一件机械。

他们又不知道学生要求于学校的是什么，便叫学生迁就学校，给学校装场面，以满足他们的虚荣心。就因为把学生当作机械，不承认学生有活动的个性，所以行动作息都要求一律，整日叫学生坐在教室里或站在操场上，各占二三尺见方的地位，此外便没有活动的所在，便是这班教师的绝妙的管理法！教授学科，他们预先编定教案，自己怎样问，学生应当怎样答，逐句话逐个动作，一一配定了各占若干时间；到了上课的时候，只把自己问的和学生答的照所列的表表演完毕，没有不合预先设计的，连时间也没有差错，这便是这班教师的无上教授法！他们还以为这等机械的动作练习得多了，学生一定得益不少，所以增加授课钟点，到太阳落了山才放学，便是他们的热心教授！他们又定出种种规则，什么事得怎样，什么事不得怎样，都详载无遗，仿佛一部《违警律》；只求学生不犯规，不必叫他们来训斥，便自以为"训育有方"了。为查察学生的成绩，他们便注重考试；为严格学习的年限，他们便扣算学生的缺课；这等事一时也写不尽。我并不是说学生不应当进课堂、上操场、习答问、守规则、应考试、不缺课，但是教师对教育没有确定的主义，单单把这些事项作为题目来做，那么能不说是"徒具形式"吗？他们认为学生是为学校而来的，所以叫学生开运动会、学艺会等等，叫学生作了书画文字向各处投稿，好给学校装场面。他们还细行密字编成各种表册，管理上的训导上的教授上的都有，但是不从这些表册求个统计，找出什么改进教育的方法，只求他人看了赞一声“表册完备”便算得到了全部的功用。我并不是说学生不应当锻炼身体，不应当学艺，也不是说学校里不应当编造表册，作为“证往知来”的依据，但是对设施的着眼点不正确，这等设施就完全失却了教育的精神和价值，那么能不说是“专务形式”吗？

我把现今小学教育的大部分情形，差不多都说到了。照我所说的情形看来，不能不想到非改弦更张不可。现在有许多人和我一样，也有同样的感触，觉得小学教育若再因循下去，必然对孩子非徒无益，而又害之。于是有许多报纸杂志在那里鼓吹“教育者须修养”“立教育基础于人生观”“人格教育”等等主张，这不是很可喜的现象吗？可惜做这些文字的不是教师，更不是小学教师，我想旁观者的言论纵然清切详明，决无强人必从的力量；或者竟有人愿意听从，但是能不能觉悟到自己的不是，把不是根本抛弃，然后努力研求，自己寻到个是的趋向，还说不定。教育事业原是教师做的，教师不能只等旁人来“觉我”，要靠自己觉悟。“自觉”和“外铄”，在旁人看来似乎没有区别，在实际上精神上却大异其趣。凡是人生的一切，从“外铄”得来的，虽言表名理，行合正谊，也不过是被动的；若是从“自觉”得来的，便灵心彻悟，即知即行。我是个小学教师，所以我要“自觉”！我希望小学教育收到真实的功效，所以要请许多小学教师一同“自觉”。

1919 年 2 月 27 日作，

刊《新潮》1 卷 3 号，署名叶绍钧。

小学教育的改造

以前的小学教育的任务是什么？我们不希望得到一个像“教育儿童”这样的笼统的回答。于是我们留心观察以前的担任小学教育事业的人，看他们持的什么见解。我这里所说的“以前”，指的是中国自办学校起直到今日。我不能知道中国教育界的整个情况，我常接触到的只不过是百数十位小学教师和数十个小学校，然而我从所谓的“视察报告”“参观笔记”中留心观察，也可以说知道个十之五六了。就从这十之五六来看（虽不能说是全部，然而是多数的），中国的小学教育事业立足在哪一种任务观念上，或是或非，或当或不当，就有可以注意和评论的价值。

一般担任小学教育事业的人，以为儿童所需求于学校的，是取得前人的知识和克制自己的德行。他们又以为知识是可以授予的，德行是可以勉强修炼的。所以小学教育的任务就是把知识授予儿童，勉强儿童修炼德行。授予知识的方法，便是诵习古人思想行为的记录。诵习纯熟，疏解明白，便算是得到了知识的本体了。修炼德行的方法，是使儿童将平时的习惯嗜好一概摒弃，另外过一种一言一动都须顾虑的符合玄虚抽象的概念的生活，能够耐得下过得惯这种生活的，便算是有德行了。对于古人的记录能悉数容受，对于这种特殊生活能身体力行，便是成绩最好操行最好的学生，那么，传授记录最明白，督促诵习最勤恳，责备儿童过这特殊生活最谨严的，当然就是最尽职的老师了。他们以为这个观念一定是不错的，这等方法又是万世不变、放之四海而皆准的。除了这个任务，小学教育就没有别的责任了。有时儿童对于知识竟不能容受，对于特殊的生活竟不能成为习惯，他们便非常恼怨，以为自己对于学生可谓倾诚竭力，无以复加了，而学生竟不体谅他们的苦衷，承教之后丝毫不产生影响，这不是学生的罪过吗？于是加以训斥和种种惩罚，幽闭，留级，甚至开除。惩罚之后，这些儿童如果仍旧在学校里受教育，教师还是照样只管授予知识，只管勉强儿童修炼德行。好像学校是一个模型，儿童是一种物质。玻璃厂里的做瓶子的模型，一定要把玻璃装进去才能成器，把泥土装进去是成不了玻璃瓶的，所以玻璃厂不要泥土。学校对于儿童也是如此。

你若是个不中式的儿童，学校就认为是不能成器的，不合制造之用，定必将你剔出。

小学教育立足在前面所述的任务观念上，出现了什么结果呢？我见到许多进过小学的儿童，觉得他们并没有从受教育上得到什么幸福。其中也有学行真不差的，然而这样的儿童并不普遍，这就不能说是小学教育的效果。从社会的整体来观察，也看不出从小学教育上得到了什么进步。倘若一般儿童都不进学校，从儿童个人来看，从整个社会来看，也不过如此。这并非过激之词，试把许多受过教育的和没受教育的人混杂在一起，若从某些零碎的知识看，或许可以分别出谁受过教育，谁不曾受过教育；若从真的知识作为观察的着眼点，恐怕就很难加以区分了。

以前的小学教育没有效果，一定是任务观念有不惬当之处。为什么会有不惬当之处？因为担任小学教育事业的人把人生看得太简单太机械了。他们以为人生的种种行为，只不过是各不相关的表现，把这些各不相关的种种逐一学会，便是人生的真义。他们根据这个观念去教学生，列举出德目和科目来，向学生讲明这是什么意义，那该怎样修炼，有时还真个引导学生去学习。讲到老师的职务，便分出训导、教授、管理三大项，哪一事属于哪一项，划分得非常清楚，似乎彼此之间全不相关。这种设想是否谬误，只消看看我们的生活实际是否和它相应，就可以得到答案了。我们无论做什么事，未做之先总有一种需求，这就是目的；以为目的达不到，便是非常的缺憾；唯有朝着目的做去，觉得越来越接近目的了，兴趣也就自然来了；这样越做越有兴趣，结果便是成功。在这个过程中，几曾想到这样做才符合德目所称的“勤”和“毅”？几曾想到为了要有“勤”和“毅”的德，我们才这样做？德目对于儿童来说，是绝对不会发生兴趣的。成人有着牢固的成见，不能自己破除思想里笃古尊贤的偶像，才会对德目产生病态的兴趣，并且成为种种德目的牺牲。教师把儿童当作固守成见的成人一样看待，真可谓“拟不于伦”了。把教师的职务划分为训导、教授、管理，从儿童的发展来看也不切合自然。教师预存着划分的观念，于是在教授的时候，只想着我此刻的职务全在于知识的传授，此外如养成良习、陶冶性情，都非所问。在训导的时候，只想着我此刻的职务全在于诏告善言，勉去恶德，此外如事务的经验与技术的修炼，悉非所及。这样做去，前者何异于贩卖的商贾？后者何异于传教的牧师？至于管理，计划事务的设置，稽核学生的功过，倘若离开了教育的本旨，便像商家的会计和社会上的警察了。教师既然如此，儿童的感觉会怎样呢？

他们觉得一件一件零碎的知识，硬要他们理解、记忆、练习；然而这些知识并不是他们感到需要的，因而不发生兴趣；只为了教师谆谆督责，从旁逼迫，他们才不得不去理解它、记忆它、练习它。临了去考查他们，他们还并未真个理解，对他们的生活，影响非常之少。因为这样的授受，最好的结果也不过使儿童理解了老师的教授罢了。教师所教授的并不是切合人生的事事物物，儿童并不感到缺少这些知识的困苦，对这些知识自然无所需求，怎么会发生兴趣呢？教授怎么会得到成功呢？他们聆受教师训诲之时，只听得教师说："你们应当这样！""遇到什么时候，你们应当怎样做去！"他们可能会想："我们觉得什么事有兴趣，高兴做就做了，你们所说的遇到什么的时候，我们什么时候才会遇到呢？即使遇到了，要先从脑子里去寻找教师说过的应当怎样做才去做，岂不麻烦累事吗？"如果儿童提出这样的疑问，我们不能认为毫无理由。也许他们并不提出这样的疑问，只觉得教师的训诲是枯寂的、虚玄的、拘束的，因而不加理会。也许由于特种的原因，他们早已养成了信仰教师的习惯，因而恪守教师的训诲，把教师的训诲作为立身之本，那么最吃亏的就是儿童本身了。

以前担任小学教育事业的人又把儿童的心理看得太简单

太机械了，认为认识、联想、练习、应用等等都是各自独立的事，相互没有联络，没有整统的关系。他们无论教什么东西总是段落分明、按步循序，以为认识的时候只是认识，和联想等等无关，在联想的时候只是联想，也和其他无关。其实无论儿童或成人，他的一思一动，总是心灵和肌体的复杂活动。研究心理的时候固然不可不细细分析，按诸实际，哪有一件事像教师教儿童专练什么这样单纯？认识的时候，就是应用旧有的经验的时候；练习的时候，就是得到新的认识的时候；这其间参互错综，果就是后者的因，因还是前者的果，不必分开，也无法分开。如果要勉强划分阶段，以为按步循序，儿童便可以得到真的知识，其弊病就在于不顾整体的统一，忽略了根本。我不得不说这是个劳而无功的方法。

前面的两节说的是教师对于人生没有真实明确的观念：自己不明白人生的究竟，也就不明白儿童的究竟。换一句话说，便是不明白使儿童怎样才算真好。又因为不明白儿童的心理，所设计的德目和科目，以及教育步序方法，往往成为徒劳。而要明白儿童的究竟和儿童的心理，教师非先自觉不可。

教师在没有自觉之前，他羡慕往古，务求侔合，他的人生观只不过是一种虚玄的抽象的观念。这样的观念只能供空幻的默想，影响到行为，便成为笼统、散漫、迷信种种现象，都成事不足、败事有余。有许多人以为人生的究竟只是要生活，这固然不错，然而怎样改善生活，使生活永远继续下去，他们就不去研究了。还有一些人什么都不想，对于人生的究竟从未形成观念，那就更没有可说的了。但是人生终究是实际的，不是虚玄的；生活终究是希望改善和永远继续下去的，不是随时敷衍而是需要有意识的。如果“胡天胡地”，人生还有什么价值。儿童受了教师的影响，他们的人生也就没有什么意思了。又，教师的训导、教授、管理既不能引起儿童的兴趣，然而他们那欢喜观察、玩弄、仿效等本能，却仍然要随处发泄的，不在这里就在那里，如果不从合理而系统的路走去，就跑到了散漫无归的荒野。也有一些儿童，他们的本能薄弱，仿佛孱弱的种子，发出的芽细弱可怜，若不加培壅，等不到开花结果先就枯萎了，滋长发荣的本能就此永远埋没了。本能薄弱的儿童接受那不明白儿童心理的教育，就和这细弱的幼芽一样。——可知以前的小学教育，对于儿童没有积极的效果，消极的影响却随处皆是。

以前的教师有时也考察儿童受教育之后，有没有得到实际的效益；谁知一经考察就得了五个字：“他们不好学。”因而想，儿童不好学，或者由于他们不懂得功课的效益的缘故，于是细细地给他们讲这科有什么效益，那科有什么用处。又怕他们虽然很愿意得到这等效益，而没有途径，目的难以达到，于是学这科学那科的方法一一给他们讲个明白。这样试验了一番，哪里知道并没有好结果，他们的不好学依然如故。其实，这样的推想本身有两层谬误。第一，以为我们对于一件事物所以能达到“好之”的地步，一定因为羡慕它的效益，贪图它的用处；却不曾想到其中还有解决疑难和应付环境等种种兴趣。第二，以为儿童的心理和习性和深谋远虑的成人是没有区别的；成人对于事物力求精研，往往有为着未来的功利目的，便以为儿童的心理和习性大约也是如此。实则儿童的各种举措哪里为了什么未来的效益和功利？他们头脑里无所凭借，几曾忽然定出个预计表，而后才有举措？逢到疑难当前，他们只想去弄明白、去应付，所以他们只管自己玩弄、抚摩、观察、试验，在成人看来也许觉得可笑，而他们却有无上的乐趣。他们从解决疑难得到了快感，就欢呼跳跃，继续练习。因为对任何事物都有兴趣，他们就肯练习，新的经验就逐渐增多了。这是真的效益和功利，但是他们何尝先定下个预计表？可知儿童的不好学，一定是学校里的设施不能引起他们玩弄、抚摩、观察、试验的动机，因此不能使他们产生快感，结果就是使他们不高兴去练习。

我们且去考察一下小学校里的设施。我先说人们有一种弊病，凡是一种制度，大家受到了利益，就觉得这是最好的了，必须永远保存下去，不再想还有没有更好的，能使大家受到更大的利益。这种弊病是从“凡是成立的制度都含着真理”这个概念来的。不知任何制度所以建立，只因为当时可以使大家得到更多的利益，自然就认为是真理。时代向前推移，世事发生了变易，先前的制度就不能满足人们的欲望了，当然应弃去旧的，别寻新的制度。然而一般人却普遍地保守着先前的制度，不肯有所更改，以为仍旧可以满足现在的欲望，这是何等的顽固！以前的小学制度是当年比较有益的，也并非最好的，然而后人仍保守着，当作千古不变的定则。其中最显著的便是教室制度和用书制度。

许多事理往往非常浅显，而且眼前即是；人们看它过分平常，因而不加注意，于是总绕着纡远的道路，行那不切实际的方法。拿知识的获得来说，只不过是欲望、兴趣和努力相连续的结果。孩子看见人步行，非常艳羡，于是本着他的足的本能，努力学步，后来竟自己能走了。只有自己能走了，才可以算知道了走的意义，具备了走的知识。其实任何知识的获得，都与孩子学走一样。以前的教师以为这是孩子的状态，不适用于引导他们成为成人；学走路的过程，不适用于求知识：于是认为过去传下来的制度才是切当的授予知识的方法，哪里知道成人正是孩子的发展，求知识和学步的情形原来是一样的。

教室制度的好处，就在于节省教育的人力和时间，论它的起源，还由于宗教的遗制。于是历世相传，凡是学校都有教室，仿佛是天经地义。大家不想一想：这是最妥当的办法吗？除此之外，有没有更妥当的办法不使儿童受到牺牲，而能收到节省人力和时间的效果呢？我们试想，使欢喜活动的儿童离开了他们玩弄、抚摩、观察、试验的环境，坐在教室里，所占的地位不过一桌一椅，所见到的东西不出于一室之外，所接触的事物就是某某科目，这不是一种特异的拘束的境界吗？在教室里进行教授，教师即使能注意启发，引起旧观念，授予新事物，然而为什么一定要在规定的时间内，提出儿童没有预想到的事物来讨论呢？对于没有预料到的事物即使认真去讨论，哪里及事物当前，自己用思想去应付它那样亲切有味呢？即使有实观教育，得以验证，哪里及在实际生活中遇到事物，自己设法去试验它证实它那样有兴趣呢？在教室里是学习的时候，仿佛出了教室就不是学习的时候了。在教室里须要应用学习得来的知识，仿佛出了教室就不必应用学习得来的知识了。为什么会造成这样的印象呢？就因为教室是一种特异的拘束的境界。虽然并没有向儿童明说，然而事实如此，早已在暗地里默默诏示他们了。

书籍的效用在于传授以往的成绩，流布个人的思想。用书制度的好处，就在于使学生知道这些成绩和思想，并备遗忘。世间倘若没有什么新的发现和发明，把人类的思想行为一一保留在书籍中，那么读书当然是重要的事。但是知识的获得并不专靠读书，读书不过是种种学习方法中的一种罢了。我们为了研究事物、应付事物，为了备自己参考，省却枉费心思，于是去读书。可见读书是一种手段，并不是最后的目的。以前的人对于书籍的概念非常模糊，以为书籍便是知识，所以要得到知识只消读书，于是学校里就有了用书的制度。儿童进了学校，就觉得唯一的重务便是读书，但是不知道读书为的什么。久而久之，自己的生活，实际的事物，他们都淡忘了，心里就只有书籍了。儿童受到这样的陶冶，怎么能不走到知行不能合一的道路上去呢？也有能够知行合一的人，他们多是出了学校之后，从实际生活的经验中自己觉悟过来的。他们的心力全用在书籍上，或者注释，或者讲解，或者记忆，或者议论，自己只处于客的地位；有时也关系到自身，影响到生活，然而不过是摹拟书上所说的罢了。为什么会这样？因为这些知识并不是从实际的经验中得来的。真要收到知行合一的好结果，必须使儿童从实际中获得知识。书籍是非用不可的，是必需的，但是只宜于用来帮助思考，而不应该当作绝对的不可争议的结论。书籍中的种种结论，不是不可以用来做学习的材料，而且正是要使儿童获得的材料，但是怎样获得这些材料，必须让他们自己去经验；倘若经验之后，结论和书籍不同，其中的是非曲直还当诉诸事实，不当盲从书籍。总而言之，学校宜使儿童多多接触实际事物，使他们随处觉得有兴趣，随处可以研究，他们就随处可以获得切己的利益。学校里多备书籍固然是很好的事，但应当摆在图书室里，而不把书籍特定为儿童每天必须接触的东西，这样才能使书籍的权威不超出于实际事物之上。儿童要解决疑难，满足欲望，自己去观察试验，这和查考书籍一样重要。有人以为诵习了书籍，再用事物来做实证，也未尝不是什么办法。不知道我们是为了解决实际的事物才去运用书籍的，不是为了书籍上怎样说，才去找相巧的事物来做证明。所以实际事物是主，书籍是宾。如果照那些人的说法，就是主和宾换了位置，根本的观念先已谬误，还会有什么好结果呢？

儿童在进学校之前，自有他们的生活；进了学校，自然是继续他们的生活。所以两者必须顺着一个方向，不过在质的方面有所不同，便是学校生活比以前的生活合理而有系统。他们将来出了学校，终其一生，把学校生活所得的经验作为基础去应付事物，这才收到了学校教育的效果。倘使儿童一进学校，就把他们关闭在教室里，只让他们诵习书籍，他们的生活境遇可以说骤然改变了。生物的境遇改变了，能渐渐变化以求适应；儿童的境遇骤然改变，他们也会渐渐改变生活，适应那新的境遇。但是这种适应和深谷里的鱼变为盲鱼一样，是一种消极的倾向。学生出了学校，人家以为他们有知识了，他们也以为自己有知识了，实则上真实的知识，不知道究竟得到了百分之几。他们把活动的心性和丰富的兴趣，白白地埋葬在教室和书籍里头了。

有了用书的制度和教室的制度，就不得不分科目来教儿童。与实际生活相比较，就觉得科目的划分有简单和支离的缺憾。学校里选定了若干科目来教授儿童，教者以为儿童一定要学习了这许多东西，方算是一个有知识的人。所以只要进了学校，不管你需要不需要，有兴趣没有兴趣，这些科目是非学习不可的。科目之外，关系人生的事物还有许多，这许多事物因为和日常的事物混在一起而无法区分，就没有列为专门的科目，就够不上教授的价值。儿童倘若在科目之外另有需要的事和感兴趣的活动，因为没有定在科目之中，在学校里只得舍弃而不去弄它。学校里只顾选定现成的科目，叫儿童来凑合、来购买，只为了教者的方便，哪里肯顺着儿童的需求来规定种种设施呢？不妨请教师自己来省察省察，这几个科目能把实际生活中的事物包括得尽吗？这几个科目都是合理而且有系统的吗？只要学习了这几个科目，就能应付人生的种种事物了吗？这种划定科目的教授方法主客易位，不切实际，能不使知识和实际背道而驰吗？对这几个问题如果不能回答个“不”字，那么可以概括断定：划分科目的方法将使儿童误会科目就是他们的目的。这个误会深入于儿童的心中，科目的价值也就极其微薄了，因为既然把各种科目看作独立的目的，科目的价值自然只限于科目的自身了。若问学生为什么要学习这一科目，他就回答，因为这是一种科目：学历史的原因就因为有历史这一科目，学算术的原因就因为有算术这一科目。科目各个独立，没有共同的出发点，支离破碎，没有相互联络之处，不切合人生的应用，并无实用的价值，儿童何苦耗费心力去学习这等没用的玩意儿呢？

话已经说了很多，现在把上面的意思扼要提纲，再叙述一遍：担任小学教育事业的人，他们的任务观念只在将知识授给儿童，还勉强儿童修炼德行。教育立在这个观念上，得不到良好的效果。这个观念的由来，是没有了解人生的真义，又没有明白儿童的心理。这样的教育“非徒无益，而又害之”，会使儿童受到许多恶影响，其中最显著的就是不好学习，无从得到真知识，不能理会人生的价值。造成这个结果的原因，从方法上讲便是教育的设施不得当，如教室制度、用书制度和分科制度。

我们要使小学教育得到真实的效果，必须先弄清楚以前的种种谬误，把以前的见解和态度尽行抛弃，求个彻底的改造。要知道以前的见解和态度，并不是一定不可以变更的，只要真诚地观察批评，种种谬误自然会显露出来，于是我们就有一种新的要求；有了要求，运用我们的思想可以得到新的经验和知识。这新的经验和知识，其价值就在支配我们的行动，帮助我们做出计划，使小学教育得到真实的效果。

第一，我们要明白新的人生观应当是怎样一种观念。我们的生活离不开社会，没有社会，我们个人就非常痛苦。这个社会，由于许多人欲求相同、利害相同、感情相同，才组合起来，做一致的有秩序的向前推进的行动。社会和个人的关系密切，不可分割：个人的功利便是社会的福祉，社会的进步就是个人的快乐。既然如此，我们就应该根据自己的才知和能力，做那直接有益于社会的事。然而这也不单为社会，同时为了自己；因为社会进步了，自己便能成为更高尚、更合理、更幸福的人。又因为我和他人的欲求、利害、感情都相同，彼此相助，力量就愈大，收益就愈宏，所以我们尊重我们的伴侣，赞助我们的伴侣。彼此永永相助，社会永永进步，人类方始可以得到圆满的、普遍的、永久的快乐。

担任小学教育事业，便是一种帮助儿童、尽力社会，并有益于自己的活动。然而要使给予儿童的帮助确属有用，要使社会的幸福确有增进，要使自己对于本分确无遗憾，不是担任了就行，还得认清教育事业的意义。小学教育的意义，概括地说来便是使儿童在行为上得到新的人生观。要达到这个目的，须承认人生必须是自觉的、自动的、发展的、创造的、社会的，而以教育做手段使学生养成这种种品德和习惯，以至达到最高的高度。那玄虚、抽象、仿效、克制、被动的人生观，当然不是现代人所应当具有的，当然不能拘守着作为教育的出发点。

小学教育的意义既然认识清楚了，第二，我们就要想一想：知识究竟是什么？求知识的动机由于需求，没有需求，便得不到知识。所谓需求，就是满足现在的欲望，达到愉快的境地，所以知识是帮助我们计划、支配我们行动的。我们的行动要有意义，计划要收到效果，非有知识不可。我们不是先有了知识，才有计划有行动的。知识的价值全在于即知即行，当时应用。以前的教育叫儿童学习知识技能，预备着他们将来应用，所以儿童在学习的时候就很不高兴。为什么会这样呢？就因为不是他们当前所必需的。教师说："你们有了知识，可供将来应用；你们修炼品德，预备将来进入世间生活。"儿童就会想："我们现在难道不生活在世间吗？现在和将来的分界线在哪里呢？现在的所作所为原来只是预备，那么都可以不算数吗？到了将来，就可以什么都不用预备了吗？"这等怀疑影响到实际，便是没有学习的诚意。如果改变以前的见解，认定儿童的现在就是他们整个人生的一部分；他们现在的所作所为，就需要他们自己去应用知识方能完成；那么他们在当前的环境中有所需求，自然会自己去研究，寻求出道理和办法来，还会自己去试验这些道理和办法是否切合实用，来证实它们的价值。经过这样的研究和试验，他们得到的便是真的知识。试问真的知识有不能支配行动、不和行为合一的吗？

教师有什么可以授予儿童的呢？除却物质的东西可以授受，属于精神方面的知识是谁也不能授予谁的。因为知识是求知者主观的欲望和兴趣的结晶体，离开了求知者的主观便无所谓知识，所以知识只有自己去求，别人的知识只能由别人去应用，我不能沾他的一些光。教师的真知识终究是教师的，与儿童没有关系；教师用语言和文字将古人的和自己的经验一一传授给儿童，即使这些经验是千真万确的、毫无疑义的，也不一定能使儿童得到真知识。因为这许多经验在教师固然已心领神会、亦知亦行了，在儿童也许不觉得需要，不发生兴趣。如果这样，这许多经验就不会加入儿童的知识的总和。儿童总要在他们的实际生活中有所需求，自己去研究解决的办法，还要自己证实过、经验过，才会得到真的知识。有时他们听讲看书，却不立即信从别人的经验；而运用自己的推想力去寻求实证和实验，最后得到了和听到的看到的相同的结果，这也是他们的真知识。但是这等情形不一定常常遇到，总要自己实际经验实际证实，才能得到真个理解。

我们既然认定知识不是可以传授的，那么对于儿童，我们决不能将现成的知识装进去，而要使儿童自己做将出来；不是使儿童学习了现成的知识预备应付将来的事物，也不是使他们只为了有知识而去求知识，而是使儿童从事物中寻求真知识，并用真知识来支配他们的行动。儿童遇到事物，发生了求知识的动机，于是亲自去观察、去试验，结果，他们对于这事物得到了一宗新知识，他们在生活中就有了一个新趋向。这种活动创造的能力，什么时候什么地方都用得着，这才是怎样做人的根本方法。学校教育能注重这一点，学生就能不断创造，以谋社会的进步。他们何尝有为了有知识而求知识的观念呢？何尝觉得自己做了求知识这样一件特别的事呢？

知识的由来既如上面所述，那么第三，我们就要想一想：怎样可以让儿童经常有求知识的动机？要讨论这个问题，先要说明一下本能、欲望和兴趣。儿童都有他们的本能，在粗心的老师看来，这没有什么意义，有时还加上一个“无意识”的评语，表示厌恶和不屑。其实本能正是教育的原料，如果不加以陶铸，对于人生不产生价值，所以无所谓善恶。如果能引导，没有一种本能没有积极的倾向，不过有的比较容易陶铸成良好的品德，有的比较难一些罢了。教师如果能留心儿童的本能，便可以在教育上找到扼要的手段，随时获得新的经验和知识。儿童的某一本能倘若有善的倾向，便应该设法使他们尽量发展，渐渐成为有意识的习惯；倘若有恶的倾向，便应该设法引导他们转向积极，不使造成恶的结果。阻遏绝不是正当的方法，如果将儿童的各种本能阻遏净尽，教育就失去了原料，那还有什么教育？

欲望是人生活动的原动力。欲望的起源由于感到缺陷。渡水不得，便想造船；致远累事，便想造车；推而广之，便是哲学科学，哪一件不是从弥补缺陷起源的。儿童的活动逾越常规，就因为他们对环境感到新奇，非常羡慕，于是引起了求知求行求享受的欲望。顺着他的欲望的趋向，作为教育的入手方法，使他们如愿以偿，才是教育者最应当尽力的事务。顺着他们的欲望，并不是使他们纵欲肆志，而是不加摧残，不与违拗，引导他们满足欲望，归结到合理而有系统的道路上去。他们的欲望有时是不应达到的，或者是扰乱秩序的，这也不可以遏止（无论何人，欲望受到遏止将会何等懊丧！），最好用替代的方法以求补救。他们有了替代的欲望，不蹈空虚，不生恶果，终于得到了满足，那是何等的安慰，何等的快活！倘若为了维持秩序，不想个替代的方法，只一味遏止，秩序固然维持了，却断丧了他们活动的原动力，实在得不偿失。

兴趣是我们生命所寄托着的。一个人的世界，不能大于他兴趣所及的范围，唯有这个范围方是他内在的真实的世界。在他所感兴趣的范围以外，固然有许多事物围绕着他，但是他视若无睹、听若不闻，对他来说，可以说实际上并不存在。平常大家以为我们的环境便是围绕我们的一切事物的总和，其实我们所寄托的只有我们经验过的一部分事物罢了。所以人的生活，以他的兴趣所及的事物来划定广狭远近的范围。一个人兴趣所及的事物很少，那么他的生活就非常狭小浅近。以前的小学教育，较好的也不过求教授有趣味，至于儿童是否真有兴趣，他们就不管了。他们这样做，怎么能不收到儿童的人生非常狭小浅近的结果呢？今后的教育要着力于扩充儿童兴趣所及的范围，并使他们养成终身的习惯。一个人影响他人的能力的大小强弱，多半靠他自己的兴趣的多少和深浅。无论何人，如果要影响他人，必须同情和了解他人的兴趣所在。所谓同情和了解，就是从他人的观点去看当前的事物。所以教育者需要扩充自己的兴趣范围，更需要真切了解儿童的兴趣可能涉及的范围。

要使儿童经常有求知识的动机，须要根据他们的本能、欲望和兴趣，想方法来引导他们的本能，顺应他们的欲望，扩充他们的兴趣。教育者要尽这许多义务，仿佛戏台上值场面的人，把种种事物都安置妥当，但是怎样表演怎样说白，还要让演员自己去做。教育是有最终的目的和价值的准绳的，教育者的义务便是使儿童得到合理的系统的知识，确定他们的新人生观。如果能给儿童布置个极其适当的环境，自己却忘记了自己是教师，而且使儿童也忘记了我是个教师，只觉得我是他们的环境之中的一个同情的互助的伴侣，这才是今后所需要的教育者。儿童和教师生活在一个环境里，彼此是同情的互助的，那么学校便是社会，学校生活便是社会生活。

小学教育设施的要义既然如以上说的，那么第四：小学教育的设施应当怎样安排呢？以前的制度既然造成了种种恶果，必须根本铲除，才有改造的基础。今后小学必需的设备是会场、工场、农场、运动场、试验室、娱乐所、图书馆、博物馆、卫生处等，一个学校便是一个社会；因为各种设施都是从现在创造的，可以脱去历史的拘束，进入比较圆满的境界。儿童进了学校，只是与各种事物相接触，只是觉得有许多事情要做；有必要的时候，他们自然会到会场里去讨论，会到图书馆里去看书。他们对于环境，兴趣所及有所不同；他们各从所好，随时运用心力和体力，或是工作，或是游戏，来满足各自的欲望，便随时长进经验，随时有所创作有所进步。教师对儿童自然要担负帮助和指导的责任，但是教师自身也随时长进经验，随时有所创作有所进步。教学事业就是教师的社会生活，帮助和指导儿童就是他的“尽其所能”。

照上面所说的，儿童在学校里便知和行合一、修养和生活合一。他们的本质是创造的、进化的，所以教育愈进步，他们便养成更健全的人。同时，这样的学校生活便是社会生活，而且更有系统、更有价值、更有改进的精神。他们并不觉得进了一个特殊的境界，游戏依旧，工作依旧，社交依旧，却不知不觉得到了做社会中的一员的经验。全社会都包含着这样的个人，社会便永永改进！

1919 年 11 月 4 日作，

刊《新潮》2 卷 2 号，署名叶绍钧。

职业与生计

我做了八年的小学教师。有几位老辈的亲戚常对我说："你做教员，总不是个事。些些收入，到手便尽，哪里积蓄得起来？还是及早另想法子吧！"我听了这些话，面子上虽则说一声"多承关心"，心里却十二分的气愤，想道："难道小学教师不是职业么？"这样的感触，受得多了。

前天遇见一位朋友，谈话中间提起了另一位朋友。这位朋友说："他现在担任中学的历史地理教员，月薪八十块钱，又不是国文教员有改卷子的辛苦，真写意哩！"我心中便又起了一种很深的感想：历史地理教员和八十元的月薪，是一因一果吗？是相辅相成的吗？史地教员没有改卷子的辛苦，是占了便宜吗？国文教员担负了这项辛苦，是吃了亏吗？再一想，这样的谈话实在时常听到，也不足为奇。

这样的事一时说不完。我做了小学教师，别界的事不大理会，别界中进取奋斗的情形，晓得的还少，只觉得耳朵里常听得什么“运动”咧，“逐鹿”咧，“捷足先得”咧，眼睛里常看到什么“如荷玉成敢忘大德”咧,“倘蒙照拂感同身受”咧……永远不断。起初我真不懂所谓“世故”，只觉得大家肯做事，肯负责任，却没有事给他们做，未免辜负了他们急功的勇气。后来看到他们把事弄到手了，责任有得负了，却大家极力寻便宜的道路走；薪金可以多得一些，便大家钻上去；事可以少办一些，便大家退下来：我渐渐觉得自己的判断不对，终于证明我是个不谙世故的人。

从上面所说的看来，可以知道一般人对于职业的观念。他们以为职业是维持生计的，单单是维持生计的；职业是手段，生计是目的。这一项职业所得的酬报——维持生计的程度较高，便是较好的职业；大家都羡慕着它，想取得它。更从反面推想，有私产可以维持生计的人就不必有职业；便是现在有职业的人，只消把所得的酬报储蓄起来，到了够维持将来的生计的时候，也就可以不务职业。总而言之，为有生计问题，才有职业问题，倘无生计问题，便没有职业问题。

观察现在社会的实况，一切的官僚、政客、军人，哪一个不为自己的生计？不过他们所谓生计，范围较广，于衣食之外，还有声色货权种种，也包括在内。他们几曾想到自己的职业是不是有效益，是不是无愧于良心，是不是社会所必需的。此外务农的、做工的、经商的，任各种职业的，辛苦经年，劳劳终身，哪一个不说："我们不为别的，只是要吃饭。"他们几曾想到事业的进取和兴趣？所以他们从事职业，是被动的，强制的，不得已的，并不是自发的，愿意的，负责任的。他们肯做，肯劳动，有一条唯一的索子系着他们，便是生计。倘有别的法子，可以不务职业而维持生计，职业便抛向九霄云外去了。社会内求神祈福的迷信，看风水问星相的习俗，至今还存，买彩票义赈券和赌博的风气，至今更甚，便是我这话极强的证据。

我们要研究把维持生计作为从事职业的目的，于个人于社会有什么影响。有许多事务是很不人道的，然而它可以维持一般人的生计，就也叫作职业。像耕种田地和工厂里做工，所受的精神上物质上的待遇，自然是极难忍受，然而为着少量的佣资，只得忍着苦，耐着辱，不顾自己的人格，放弃天赋的权利，忍受下去。有时也许忘了痛苦，也无所谓耻辱，什么人格和天赋的权利，自然不成话说，只因这个职业可以维持我的生计，便非常感激它。康白情君的《女工之歌》，便是这一等人的心声：

一

我没穿的，

　工资可以买穿。

我没吃的，

　工资可以买饭。

我没住的，

　工资便是房钱。

我再没气力，

　他们也给我两角一天。

他们惠我，惠我！

二

我有儿女，

　他们替我教育。

我有疾病，

　他们给我医药。

我有家务，

他们只要求我十点钟的工作。

我有孕娠，

他们把我几块钱让我休息。

他们惠我，惠我！

这一等人不晓得自己过的是奴隶的生活，也不晓得自己的勤务究竟有什么价值；不识不知，只是要活命。将他们的弱点的总和取个名称，便是“不自觉”。社会中从事生产、维持社会安全的，却都是这等不自觉的人。他们一方面既不自觉勤务的真价值，所以种种业务，但承着前人的遗法和成例，只消一无缺漏，便算充其能量，绝没有改善和创新的希望；一方面又不自觉所处的地位，所以不想改革制度，趋向新的合理的生活。这不是阻碍社会进化的两大原因吗？

有许多职业虽是很重要很有意思的，但是从事的人并没有这许多职业的经验和知识，便连这许多职业的自身，也退入无用之列。像医生和教师，一担当养生却病的重责，一担当启导未来的大任，是何等重要！然而考察社会实况，悬壶问世的到处都有，而疾废病死的总数不见减少；兴学施教的遍于乡僻，而衡量真实的效益竟无可指：怎不令人不疑惑这两种职业为终竟没有价值呢？果真就事论事，不杂别情，什么事都简单得很，容易解答，对于一种职业没有充分的经验和知识，那么不干就是了。明知道不能干，却偏要勉强干，这是为何？原来有个生计问题在背后鞭策着他们，不容他们审慎和思量，总得先把这个问题安顿下来才行。什么事务谋干得到，什么事务适逢其会，便算是他的职业，更何暇计度胜任不胜任，能干不能干。他们把职业认作“传舍”，由彼易此，由此易彼，都无不可，只待生计问题指挥着他们走。所以他们永远只有偶然的职业，没有正确的职业。这一等人自然也说不到能够自觉，在社会中很占多数，不是直接生产的职业，差不多都是这等人担负着。从外表看来，他们似乎事事能干，其实事事能干等于一事也不能干。他们和职业既然是偶然会合，不将经验和知识做业务的资本，哪得使他们的职业产生有价值的结果？又因人人要舍去现任的职业，趋向其他的职业，所以便是业务上循例的进行，也时常有所妨碍。一方面他们在那里患得患失，此沉彼浮；一方面业务时虞停顿，社会便陷入于不安全的状态。今日的中国正所谓“非其时矣”！

更有许多事务，从它的本质说还够不上叫什么职业，却有一班人依靠着它维持自己的生活。像贩卖伪品的商人和荷枪背弹的兵士，社会中也就不少。为什么不贩卖真货而贩卖伪品，把伪品卖给他人时心里是怎样想的？持枪威胁别人是何等样的事？白吃白穿究竟亏损了谁？这些都是他们不懂得管也不愿意管的。他们只知道这样做了可以维持他们的生计，就认作自己的职业。在他们看来，什么事情都没有生计重要，只有生计是唯一的重要；能够维持生计的便是正当的，应该做的。其实这等事务，社会上并不真需要它，原没有存在的理由；它所以有存在的立足地，就因为这一等人据它为自己的职业。既然如此，它自然无成绩可言，然而影响却非常之大，社会上直接或间接受他的损害一定不可数计。因为从事这等事务的人固然维持了自己的生计，但同时破坏了别人的生计。从事这等事务的人愈多，生计被破坏的人也愈多，这就是社会大乱的原因。

从以上三段意思，可知在现在的社会中，种种事务只有停顿和弄得一团糟，即使好一些，也不过保持已往罢了，绝没有革新和改进的希望。在社会中最占势力的只有几种不正当和没实际的事务，正当的事业反而退居势力极狭小的地位。并且后者被前者破坏，还岌岌可危，几乎不能存立。因此社会只有不安全，只有捣乱，决不能创造出一种新的局面，大家过新的生活。这里头的根本原因，就在一般人的没有自觉。他们吃了苦，不想怎样可以免除不平等的待遇，不想怎样可以解放；任了职务，不想怎样可以对职务尽力；做了恶事，不想怎样累了他人，却只顾奉着唯一的金训——“维持生计”，自然要捣乱秩序，阻碍进化，徒使社会上留着许多耻辱的标志了！要望社会有真实的改造，还得将一般人对于职业的谬妄观念打破，别立一个新的观念才行。

正当的观念，自然要从谬妄观念的反面去求：一边把从事职业看作是报恩，是偿债，一边就应当不承认人间有施恩者和债权者，却另有必须从事的理由。我们试想，我们不能离开社会而生活，说到人生，便含有社会的意味，无论物质的一衣一食，精神的一思一虑，都取资于社会，附丽于社会。社会的存在和进化，全赖我们各自从事职业，努力工作。可知从事职业是自主的，创造的，目的在于谋共同生活，不是报谁的恩，偿谁的债。现在社会中一般的人，明明做的极有价值的事业，却以为唯此所以报人家全我生计的恩，固然愚昧可怜；那一辈滥竽业务，实不胜任的，以为挂着名儿便可交换生计的要件，也是一样的不明白；至于务作不正当的业务，以全一己之生计，这非特报恩，实是作恶，非特偿债，实是赖债了。

我要请你们注意：共同生活是最幸福的生活。你们尽力于职业，便是共同生活的下手方法。果能各自尽力，所收效果远在仅仅维持生计之上。你们想望这个乐境么？如果想望，请先确立了对于职业的新观念！根本既立，就有下列的见解。

有益　有益的职业包含必需普遍的意义，凡可以使人类在物质上精神上得到满足的快慰的，都叫作有益的职业。若是非人类所必需的，或反而有害于人类的，或一部分人受益而余人不得享受的，就不能叫作有益的职业。凡属有益的，必需的程度同，效益的普遍同，所以没有尊卑高下，所以平等。灌园种菜和攻学著书，一样的重要，一样的有价值。

胜任　人的知能，万有不齐，倘若自知明确，择定一种最适于己的职业，自能收十分的效果。原来事务没有胜任的人去干，人没有选宜于己的事务干，勉强牵合，把事务弄糟了，人也气短了，这是个最不经济的办法。我们从事职业，不但当问有益无益，更要紧的是问哪一件有益的事我能不能干。必须自信不疑，知道自己的知能确能担负，然后运用心力去干。这个心力绝无虚耗，无不与社会以良善的效果，无不使施者在物质上精神上得到满足的快慰。

兴趣　一种业务既是我所胜任的，往往锲而不舍，终身以之。因为无论何事，习久则精熟，到了精熟的时候，所谓不期然而然，只觉得干这一件事是一种嗜好，一种浓厚的兴趣，并不受他力的逼迫，自然努力起来。兴趣和努力循环不息，社会的进化也永永无已。

理想的实现 超世间的生活是超人的事。我们所想望的乃是理想和实际一致的生活。我们认为哪一种生活好，总想一蹴而至，竟实现了它，这是我说的理想和实际一致的要求。我们高谈人生究竟和人生真谛，若永远只是抽象的说话，没有具体的事实，于人生实际上丝毫没有益处。从事职业便是人生的究竟的具体的行为，也是理想和实际一致的一个接榫，因为它是一种发展，一种活动。我们的精神生活要直觉它的本体，显出它的作用，总非依托一种业务不可。各个人的精神生活，在各个人的职业上得到着落，否则便是虚玄的想法，无当于实际。

将以上四项贯穿起来，就可以给职业下一个定义：职业是有益于人类的，自己所能胜任的，全体为兴趣所涵濡的，实现我们的理想的一种活动。

然而生计问题是实际问题，当社会中的群众没有全体觉醒的时候，便是对于职业持新观念的人，多少仍旧要受到这个问题的支配；那么理想和行为终不能全然一致，这是何等的烦闷！所以我们对于生活问题必须得个解决。但是持着报恩和偿债的态度去从事职业，绝不是个解决；所必需的乃是根本的彻底的解决。这生计问题所以成为唯一重要的问题，就因为有那历史的谬误的结晶体——资本制度。这个制度不打破，各个人从事职业的目的就不得不趋向着它；便是观念改变，实际上还只得趋向着它。我们果真要为共同生活而从事职业，同时就有打破和这个目的为敌的资本制度的必要。要知在资本制度之下，决不容有真的谋共同生活的职业。唯有将它打破，人类方才有合理的生活，社会方才有真实的进化。同时“生计”两字也就不成问题，凡是人类，都有享受满足精神上物质上的欲望的材料的权利。这才是根本的彻底的解决。从此便知生计问题是暂时的，旁支的，独有职业问题是本体的，是永久性的。所以职业的目的绝不是生计；绝不是为有生计问题，才有职业问题。

据罗骚[①]的意思，人类的冲动大概可分占有的和创造的两种。占有冲动，易于引起种种恶德，自己占有，往往妨害了他人。创作的冲动却不然，我之所得，并非人之所失。我们从事职业，推研原始也是一种冲动，在两方面都可以立足。若是认它的目的为维持生计，便立足于占有的一方面，致使业务没有进化，社会失却辅协的作用，而呈病态现象。对于

① “罗骚”，今译为“卢梭”。

职业的新观念，却纯粹立足于创造的一方面，所以得增人类的幸福，促社会的进化，后者要说它属于占有一方面，也无不可，不过合全人类为一大我，而求占有，和前者有所不同罢了。社会需求于我们的，便是根据着这个，从事我们的事业。

刊《新潮》2 卷 3 号（1920 年 4 月 1 日），

署名叶绍钧。

教师问题

要一个政府的政治修明，似乎算不得很难的事，凡是当政的人都请优秀的人充任，便能达到这个目的。要一条街上的各个人见解明白一点，知能提高一点，至少升到跟水平线相齐，那就非常困难了。因为人的数量这么多，种种关系这么复杂，像一团乱丝，岂是随便就能理清楚的？要达到这个目的，大家知道而且惯说的，只有依靠教育，依靠普及教育。这是谁也不能否认的，我当然十分信服。

普及教育的办法有多端，我想，我现在要说的教师问题应该是其中的重要一项。没有教师，教育无从实施；没有教师，受教育者无从向人去受教育。人们说："这是谁都知道的。而且现在的小学校里，哪一个学校缺少了教师？何必再要你说！"我以为不应该这么说。教师问题，不单讲有没有，还该讲好不好，能不能胜任。教师是好的、胜任的，我们才可以说有了教师。否则，即每城每乡每村都有学校，学校里都不缺少教师，我们只能说没有教师，普及教育的目的仍然很渺茫。

我看见美国门罗先生调查中国教育状况后谈话的记录，他说：中国的小学教育很不坏，最不行的是中等教育。但是根据我亲自的见闻，我不很相信他的谈话。他所到的只是几处都市；在这几处都市里，他所到的又只是几个有声誉的学校。就在同一的都市里，他不曾到的学校有多少？这几处都市之外，他不曾到的地方又有多少？这样想来，可以知道我们决不能因为他这一句话，而欣幸小学教育有了什么成绩。至于我的亲自的见闻是什么？就是小学教师的不好和不能胜任。

除了相信教育，以教育为一种趣味的少数教师以外，一般教师的情形是怎样？我不必特地描摹，请有心人自己去找几个小学教师，或是亲戚，或是朋友，看看他们的思想行为和他们对于职务的观念。如其没有相识的，在茶馆里、酒肆里、公园里、赌场里、彩票店里，你可以遇见他们，也可以满足你考察的愿望。若在乡村间，研究三元地理的先生改充教师了，富翁的儿子因避免游荡之名而任教师了，鼓吹的乐工因识几个字而兼任教师了。我永远不肯相信，教师的职务只在教几个一点一画的字；我更不肯相信，思想行为和职务观念对于任教师这件事是没有关系的。而现实的情形，偏是我所不肯相信的！

不顾实情，闭着眼睛处理，这也是极容易解决的事。教师不好，不能胜任，换掉就是了。但是谁去接替？这个问题又是不必想就可以回答的，有师范生在那里。固然，现在的教师之中也有一部分是师范生。但是试问现在的师范学校是什么情形？它和普通的中学校有精神上的区别么？它曾经留意过特地造就良好的小学教师么？如其不能回答一个“有”字和一个“曾经”，那么它的成绩就很难说了，即使学生的成绩并不很坏。又试问没有出校的师范生是什么情形？他们虽然在师范学校里，却很鄙夷小学教师这桩事业；越是优秀的，鄙夷的强度也越厉害，若不是真个无路可走，毕业后决不肯自愿投入小学教师的网里。所以时间一年年过去，师范生一班班毕业，小学教师中却仍旧有三元地理先生等等。

这也不能怪三元地理先生等等，好的教师譬如是太阳，他们就仿佛爝火。在太阳不曾出来以前，爝火虽微，总有一点用处。三元地理先生等等不是确曾教孩子们识了几个一点一画的字么？倘若不是他们支撑场面，孩子们要识字也没有机会了。至于他们所以居之不疑，我想有两种原由：一、这究竟是一个饭碗，虽不丰满，却是比较高雅而写意的饭碗；二、明知自己是爝火，待太阳出来也情愿交卸，但是太阳总不出来。就是我，虽然任了多年小学教师，始终自知是一点爝火，同三元地理先生等等一样。等待了好久，只不见太阳出来，而自己的不胜任为教师却越来越明白，终于不敢当教师了。到了最近，更发现不胜任教育自己的孩子，对于一个五岁的孩子时时发愁。若是什么地方有太阳，我愿意将他送给那太阳。但是，太阳在哪里呢？

我写这篇文字，意思在希望小学校里出现太阳。所以我不再写丧气的话，而想对师范学校贡献一点愚见。第一，我希望师范学校的章程中多加一条，说明凡来入学的，毕业后必须当小学教师。有了这一条，视师范为普通中学的学生就不会来了，章程中的半途退学罚费的规定就有用了，知照县官任用师范毕业生的办法也有效了。否则，一个毕业生可以不当教师，就可能全班大家都不愿当教师。果真如此，师范学校有什么用处？第二，我希望师范学校要认清楚它是师范学校，它的任务在造就良好的小学教师。具体的办法，恕我说不出，但是我知道一定与普通中学不同。这两层做到之后，在学者因趋向已定，事业已决，得以安心学习；施教者因标的既具，成绩立见，得以尽力设施。结果一定能使现在的小学教育真个改变一些面目。

师范生不愿任教师的原因当然有许多。我想物质的原因或者是重要的一项。我不信一辈人唱的高调，以为教育是神圣的事业，不是为糊口计的。事业尽管神圣，只要我们能尽职，正不妨借此糊口，而且唯有这样的糊口才是正当。所以看教师事业为一个饭碗，若不加上消极的意思，决不能算是卑鄙可耻。现在这个饭碗却难说了，除开城市，单说大多数乡村，教师月薪在十元以下六元以上的已算优越。这就只能由三元地理先生等等去兼任了。更有所谓学务委员，对于教师们有非常的权力，对于金钱有特异的爱好。他们要从中侵蚀，他们要保持权力，亦唯有录用三元地理先生等等，而优秀的师范生决不愿意受这等苛刻的待遇。

我们不自认为弱者，谁愿意受人家的苛刻待遇？但是因为不愿受而退却不前，仍旧落于弱者一面。既为师范生，教师就是终生的事业；前途的发展是应负的责任，障碍的破除也是应负的责任；各县财政的支配，教育经费的支配，不应为公众、为自己而过问么？若自问真能尽职，老实不客气，很可以明白地提出要求，要一个丰满的饭碗。对于监督者的溺职和舞弊，不应为公众、为自己而反抗么？唯其没有人反抗，才有人越出了范围，公然地无所顾忌地为所欲为。教师发出了反抗之声，才能够在自己的范围内做好应做的事。

我希望师范生都为教师，为学校里的太阳，代替以前昏暗不明的爝火。这使我们有一种骄傲，得以向人家说，“我们不但有教师，而且有好的胜任的教师了！”于是乎这件烦难的工作，就是要一条街上的各个人见解明白一点，知能提高一点，至少升到跟水平线相齐，就有成功的希望了。

我这一点浅薄的意思，是在对着五岁的孩子发愁时想起的。

1922 年 6 月 9 日作，
原有副题《希望于师范学校和师范生》，
刊《教育杂志》14 卷 7 号，署名叶圣陶。

教师的修养

教育固然有一点缓不济急之嫌，然而总是我们程途中的一盏灯，能够照着我们的四周使之光亮起来，又能照见我们的目的地，使我们加增前进的勇气。我们有了它，虽然觉得现在站得不大稳定，但并不感觉空虚，因为丰美的秩序和境界出现在我们的想象中了。如其没有它呢？那就不堪设想了，当前这样昏暗，前途这样渺茫，我们即使不甘颓废，又何从振作起精神来呢？

教育不仅是有多少学校，不仅是有多少人谈谈而已，这件事情是要去做的，做了还要看实际的效果。一个国家的教育程度如何，不是少数学校所能代表的，以偏概全，无论何事都不适用。至少要大多数学校达到某种程度，才可说某国的教育大概达到某种程度。这是粗浅不过的常识，不必我来多说。

说到实际的效果，就得想起宗旨。若问宗旨，谁不会说要造就健全的人？而实施起来，不得不由算学教师教算学，由美术教师教美术……这是混本于一的意思，以为把算学美术等等东西萃于学生之一身，这学生就是个健全的人了。不过有一层，学生没有一种特别的本领，使自己只从算学教师那里学算学，而不起一毫别的关系，如思想的影响和性情的感染之类。如其算学是学会了，与算学教师的别的关系又是属于积极方面的，别的功课又都是这样，这个学生能够成为健全的人是无疑的了。但是假如别的关系不幸而是属于消极方面的，那就不能把已经学会算学来抵账，即此一端，这个学生就难以成为健全的人了。所以算学教师的第一个条件固然在于能教算学，而将影响及学生感染及学生的所谓人品，务求其属于积极方面，这不能说是次要，至少要与能教算学同占第一条件的位置。美术教师等等当然同此一例。

说到评价，就得去听一般的舆论。对于我国教育的评价，且不说自己人所说的，曾有外国的教育家称赞我们，说我国的小学教育很有进步，只是中等教育差一点。大家听了这一句，颇觉得有点快慰，因为我们的小学教育进步了。这句话又引起了一些人的奋勉之心，向来不大有人提起的中学教育的种种问题，他们都着意去研究。于是“中等教育大有勃兴之象”这个意念，又时时在大家的脑际闪现了。但是我们踱进一个学校，或者遇见一个教师或学生，往往觉得怅惘起来，那种满足的快慰与预期的欣喜都像春梦一样模糊了，因为所接触的实况，全然不是这么一回事。具体一点说，就是与前面所说的第一个条件合不大上；即就算学教师而言，能教算学与否既成为问题，足以关涉及学生的人品又未必属于积极方面，这就根本的不成立了。所以外国教育家所说的小学教育很有进步和大家心头念着的中等教育大有勃兴之象，这两句话，至少要在前面加一点限制，如“某地某校的什么教育”才是，否则就不免犯以偏概全的弊病。

最近听见了一些事情，使我们更觉得怅惘，似乎前途是一个空虚之深渊，而我们的心将投入这个深渊。现在且写出一些来。

久别的友人来了，无所不谈，后来谈到嫖妓和纳妾的盛行。友人说：“某城中等学校的教师，据我所确知，嫖妓的有近二十人，纳妾的有某某等五六人。”我就想：这似乎很奇怪，其实是我早先不曾想起罢了；在我的家乡，我所认识的知道的如某某等，不是教师而兼嫖客吗？又如某某，他是我小学时代的教师，现在还当着小学教师，如某某，他现在任女子中学的教师，他们不都纳了妾么？于是与友人相视而叹息。

友人谈起在一个培训乡村教师的暑假学校里，颇闹了一些教人笑不出来的笑话。一、学校贴出通告来，说为了预防霍乱，将请医生来为学员注射，不取费，愿意的可来签名。一位学员看了，去问学校的办事员说："要听这一课防疫注射要不要另外纳费？"二、一位学员买了一条奖券。开彩过后，他到铺子柜台前看了黑牌上写着的白粉字，回来欣喜地向学校的管理员说："不知该得多少钱，刚才去看过，第一个号码对，末一个号码也对，中是一定中了。"三、一位学员问校医说："遗与浊有无分别？"校医说："当然有分别。你近来出去玩过么？"那学员起初不肯说，经校医严正劝告，才说："不在这里，两个星期前，在本乡玩过的。"校医算了算，两个星期前，他已来学校报到了。

我不愿意使读者感到什么诙谐的趣味，所以朴质地记下这些事情，不敢加一点描绘。我要读者保持严肃的心态，想一想这些事情的背面。像这些教师，即使真个勤于职务，教某科的研究某科，任某事的忠于某事，也难免会产生坏的结果。他们不是自觉地要教坏学生，其实他们也没有这种存心，然而他们这种反常的心理和混沌的思想，却无时无刻不给与学生以坏的影响和感染。学生所求于他们的是受教育，从他们那里得到的却是坏的影响和感染，那么即使学会了零碎的算学美术等等，又有什么益处！何况某科的肯研究与否，某事的能尽忠与否，绝对不能与心理和思想脱离关系。心理反常了，思想混沌了，就只有懒惰，只有模糊，决不会有什么研究和尽忠的气息了。

我想现在如其真心要向这些教师说法，不必讲什么设计教育法、道尔顿制和教育测验等等，并不是说这些东西没有用处，这些东西的确是可贵的宝贝。但是它们好比是营养丰富的食品，而现在的一部分教师如上面所说的，正患着胃病，急待医治呢，胃病还没有治好，任何营养丰富的食品，只有个不消化而已。

我以为向这些教师说法，最要紧的是使他们的日常生活上轨道。所谓上轨道，指最平常的而言，就是一言一行，都没有消极的影响，一饮一啄，都要有正当的意义罢了。这虽是最正常的，也是最根本的。如果能做到这样，再加上教法的研究，原理的了解，固然是教育所需求的教师；即使退一步，没有深切的研究和透彻的了解，只要能做到这样，也不失为中庸的教师，因为他们没有残害学生的思想和情感。

教师应当讲究修养的话早已有人说过了，我这里说的也无非是这个意思。但是近来，这些话似乎不大听见了。我想有两个原因：大家觉得太不新鲜，不高兴去重述这陈旧的老话，是其一；开口的人大多是主张进步和提高的，合于他们的好尚的话也就不少，更无暇去说这些平凡的话，是其二。其实一种值得提倡的话，在还没有被大家领受以前，不论经历了多少时代，总有重行陈述的价值，无所谓不太新鲜。至于进步和提高，确是我们所希望的，但是扔下倒退的人陷在坑底的人不管，也就难以收到统计上的效果。所以我诚恳地陈说，当教师的人应当讲究修养。一般主持教育界论坛的人，应当时时想起教师修养是一件必要提倡的事。

我觉得我这些意思并非杞忧，如果大家把教师修养的问题丢在脑后，教育的前途实在有很大的危险。请大家不要只看都市，也去看看农村，不要只看交通方便的地方，也去看看偏僻的内地，不要只看教育事业的外表，也去看看它的就里，就会与我表同情了。我由于知能的薄弱，不能作详细的调查和精密的报告。但是我怀着这个意思已经好久了，时时想说又时时作罢，以为这样浅薄的感想不能引起人们的注意。这一回又经过了很深的怅惘，殊觉不能自已，所以不管什么，就这样写了出来。

至于使教师真能讲究修养的有效方法，我也说不出来。

我只觉得最低的要求是“一言一行，都没有消极的倾向，一饮一啄，都要有正当的意义”。我想要走上这轨道，本当由各人自己去想办法的。而主持教育论坛的人根据自己的学识和经验，当然能够提出一些好的主意来供大家参考。我的目的只在促起大家的注意，所以虽然说不出什么有效的方法，也就不顾了。

末了我不得不责备教育行政人员。依理论讲，你们该知道教育应是什么性质，教师应是什么样人。你们为什么不在收发公文照例视察等等事务以外，看看教师们是否个个胜任教育的事务。你们如其肯看看，我这样的人所能感受到的想法，你们一定很敏锐地感受到了。于是你们可以想出聪明的办法来，使他们渐就改善。或者没有改善的希望了，那么随即撤换也是你们的权力所能做的，而且是极正当的。要知道牺牲几个人的饭碗究竟是小事,“救救孩子”才是至要的重务。但是你们全不想到这些，只顾在那里或则瞎忙，或则混饭，我就对你们大为失望了。

一线的光明尚在师范学校。我愿师范学校好自珍重，容纳我这里所说的一些意思。师范学校能于学生修养上特别注意，说得低一点，也可以造就水平线以上的教师。而事实证明不止于此，现在有点成就的青年教育家，大部分是从好的师范学校里出来的。所以我虽是怅惘，却还存着一些乐观，只希望师范学校多多流出清水来，把旧时的浊水冲去，于是我们就有一池清水了。

刊1923年8月19日《努力周报》66期，

署名叶圣陶。

如果我当教师

我现在不当教师。如果我当教师的话，在“教师节”的今日，我想把以下的话告诉自己，策励自己，这无非“以后种种譬如今日生”的意思。以前种种是过去了，追不回来了；惭愧是徒然，悔恨也无补于事；让它过去吧，像一个不愉快的噩梦一个样。

我如果当小学教师，决不将投到学校里来的儿童认作讨厌的小家伙，惹人心烦的小魔王；无论聪明的，愚蠢的，干净的，肮脏的，我都要称他们为“小朋友”。那不是假意殷勤，仅仅浮在嘴唇边，油腔滑调地喊一声；而是出于忠诚，真心认他们做朋友，真心要他们做朋友的亲切表示。小朋友的成长和进步是我的欢快；小朋友的羸弱和拙钝是我的忧虑。有了欢快，我将永远保持它；有了忧虑，我将设法消除它。对朋友的忠诚，本该如此；不然，我就够不上做他们的朋友，我只好辞职。

我将特别注意，养成小朋友的好习惯。我想“教育”这个词儿，往精深的方面说，一些专家可以写成巨大的著作，可是就粗浅方面说，“养成好习惯”一句话也就说明了它的含义。无论怎样好的行为，如果只表演一两回，而不能终身以之，那是扮戏；无论怎样有价值的知识，如果只挂在口头说说，而不能彻底消化，举一反三，那是语言的游戏；都必须化为习惯，才可以一辈子受用。养成小朋友的好习惯，我将从最细微最切近的事物入手；但硬是要养成，决不马虎了事。譬如门窗的开关，我要教他们轻轻的，“砰”的一声固然要不得，足以扰动人家的心思的“咿呀”声也不宜发出；直到他们随时随地开关门窗总是轻轻的，才认为一种好习惯养成了。又如菜蔬的种植，我要教他们经心着意地做，根入土要多少深，两本之间的距离要多少宽，灌溉该怎样调节，害虫该怎样防治，这些都得由知识化为实践；直到他们随时随地种植植物，总是这样经心着意，才认为又养成了一种好习惯。这样的好习惯不仅对于某事物本身是好习惯，更可以推到其他事物方面去。对于开门关窗那样细微的事，尚且不愿意扰动人家的心思，还肯作奸犯科，干那些扰动社会安宁的事吗？对于种植蔬菜那样切近的事，既因功夫到家，收到成效，对于其他切近生活的事，抽象的如自然原理的认识，具体的如社会现象的剖析，还肯节省工夫，贪图省事，让它马虎过去吗？

我当然要教小朋友识字读书，可是我不把教识字教读书认作终极的目的。我要从这方面养成小朋友语言的好习惯。有一派心理学者说，思想是不出声的语言；所以语言的好习惯也就是思想的好习惯。一个词儿，不但使他们知道怎么念，怎么写，更要使他们知道它的含义和限度，该怎样使用它才得当。一句句子，不但使他们知道怎么说，怎么讲，更要使他们知道它的语气和情调，该用在什么场合才合式。一篇故事，不但使他们明白说的什么，更要借此发展他们的意识。一首诗歌，不但使他们明白咏的什么，更要借此培养他们的情绪。教识字教读书只是手段，养成他们语言的好习惯，也就是思想的好习惯，才是终极的目的。

我决不教小朋友像和尚念经一样，把各科课文齐声合唱。这样唱的时候，完全失掉语言之自然，只成为发声部分的机械运动，与理解和感受很少关系。既然与理解和感受很少关系，那么，随口唱熟一些文句又有什么意义？

现当抗战时期，课本的供给很成问题，也许临到开学买不到一本课本，可是我决不说：“没有课本，怎么能开学呢！”我相信课本是一种工具或凭借，但不是唯一的工具或凭借。许多功课都是不一定要利用课本的，也可以说，文字的课本以外还有非文字的课本。非文字的课本罗列在我们周围，随时可以取来利用，利用得适当，比较利用文字的课本更为有效，因为其间省略了一条文字的桥梁。公民，社会，自然，劳作，这些功课的非文字的课本，真是取之不尽，用之不竭；书铺子里没有课本卖，又有什么要紧？只有国语，是非有课本不可的；然而我有黑板和粉笔，小朋友还买得到纸和笔，也就没有什么关系。

小朋友顽皮的时候，或者做功课显得很愚笨的时候，我决不举起手来，在他们的身体上打一下。打了一下，那痛的感觉至多几分钟就消失了；就是打重了，使他们身体上起了红肿，隔一两天也就没有痕迹；这似乎没有多大关系。然而这一下不只是打了他们的身体，同时也打了他们的自尊心；身体上的痛或红肿，固然不久就会消失，而自尊心所受的损伤，却是永远不会磨灭的。我有什么权利损伤他们的自尊心呢？并且，当我打他们的时候，我的面目一定显得很难看，我的举动一定显得很粗暴，如果有一面镜子在前面，也许自己看了也会嫌得可厌。我是一个好好的人，又怎么能对着他们有这种可厌的表现呢？一有这种可厌的表现，以前的努力不是根本白费了吗？以后的努力不将不产生效果吗？这样想的时候，我的手再也举不起来了。他们的顽皮和愚笨，总有一个或多个的缘由；我根据我的经验，从观察和剖析找出缘由，加以对症的治疗，哪还会有一个顽皮的愚笨的小朋友在我周围吗？这样想的时候，我即使感情冲动到怒不可遏的程度，也就立刻转到心平气和，再不想用打一下的手段来出气了。

我还要做小朋友家属的朋友，对他们的亲切和忠诚和对小朋友一般无二。小朋友在家庭里的时间，比在学校里来得多；我要养成他们的好习惯，必须与他们的家属取得一致才行。我要他们往东，家属却要他们往西，我教他们这样，家属却教他们不要这样，他们便将徘徊歧途，而我的心力也就白费。做家属的亲切忠诚的朋友，我想并不难；拿出真心来，从行为、语言、态度上表现我要小朋友好，也就是要他们的子女弟妹好。谁不爱自己的子女弟妹？还肯故意与我不一致。

我如果当中学教师，决不将我的行业叫作“教书”，犹如我决不将学生入学校的事情叫作“读书”一个样。书中积蓄着古人和今人的经验，固然是学生所需要的；但是就学生方面说，重要的在于消化那些经验成为自身的经验，说成“读书”，便把这个意思抹杀了，好像入学校只需做一些书本上的功夫。因此，说成“教书”，也便把我当教师的意义抹杀了，好像我与从前书房里的老先生并没有什么分别。我与从前书房里的老先生其实是大有分别的：他们只需教学生把书读通，能够去应考试，取功名，此外没有他们的事儿；而我呢，却要使能做人，能做事，成为健全的公民。这里我不敢用一个“教”字。因为用了“教”字，便表示我有这么一套本领，双手授予学生的意思；而我的做人做事的本领，能够说已经完整无缺了吗？我能够肯定地说我就是一个标准的健全的公民吗？我比学生，不过年纪长一点儿，经验多一点儿罢了。他们要得到他们所需要的经验，我就凭年纪长一点儿、经验多一点儿的份儿，指示给他们一些方法，提供给他们一些实例，以免他们在迷茫之中摸索，或是走了许多冤枉道路才达到目的——不过如此而已。所以，若有人问我干什么，我的回答将是“帮助学生得到做人做事的经验”；我决不说“教书”。

我不想把“忠”“孝”“仁”“爱”等等抽象德目向学生的头脑里死灌。我认为这种办法毫无用处，与教授“蛋白质”“脂肪”等名词不会使身体得到营养一个样。忠于国家忠于朋友忠于自己的人，他只是顺着习惯之自然，存于内心，发于外面，无不恰如分寸；他决不想到德目中有个“忠”字，才这样存心，这样表现。进一步说，想到了“忠”字而行“忠”，那不一定是“至忠”；因为那是“有所为”，并不是听从良心的第一个命令。为了使学生存心和表现切合着某种德目，而且切合得纯任自然，毫不勉强，我的办法是在一件一件事情上，使学生养成好习惯。譬如举行扫除或筹备什么会之类，我自己奋力参加，同时使学生也要奋力参加；当社会上发生了什么问题的时候，我自己看作切身的事，竭知尽力地图谋最好的解决，同时使学生也要看作切身的事，竭知尽力地图谋最好的解决：在诸如此类的事情上，养成学生的好习惯，综合起来，他们便实做了“忠”字。为什么我要和他们一样地做呢？第一，我听从良心的第一个命令，本应当“忠”；第二，这样做才算是指示方法，提供实例，对于学生尽了帮助他们的责任。

我认为自己是与学生同样的人，我所过的是与学生同样的生活；凡希望学生去实践的，我自己一定实践；凡劝戒学生不要做的，我自己一定不做。譬如，我希望学生整洁，勤快，我一定把自己的仪容、服装、办事室、寝室弄得十分整洁，我处理各种公事私事一定做得十分勤快；我希望学生出言必信，待人以诚，我每说一句话一定算一句话，我对学生和同事一定掬诚相示，毫不掩饰；我劝戒学生不要抽烟卷，我一定不抽烟卷，决不说“你们抽不得，到了我们的年纪才不妨抽”的话；我劝戒学生不要破坏秩序，我一定不破坏秩序，决不做那营私结派摩擦倾轧的勾当。为什么要如此？无非实做两句老话，叫作“有诸己而后求诸人，无诸己而后非诸人”。必须“有诸己”“无诸己”，表示出愿望来，吐露出话语来，才有真气，才有力量；人家也易于受感动。如果不能“有诸己”“无诸己”，表示和吐露的时候，自己先就赧赧然了，哪里有什么真气？哪里还有力量？人家看穿了你的矛盾，至多报答你一个会心的微笑罢了，哪里会受你的感动？无论学校里行不行导师制，无论我当不当导师，我都准备如此，因为我的名义是教师，凡负教师的名义的人，谁都有帮助学生的责任。

我不想教学生做有名无实的事情。设立学生自治会了，组织学艺研究社了，通过了章程，推举了职员，以后就别无下文，与没有那些会和社的时候一个样：这便是有名无实。创办图书馆了，经营种植园了，一阵高兴之后，图书馆里只有七零八落的几本书，一天工夫没有一两个读者，种植园里蔓草丛生，蛛网处处，找不到一棵像样的蔬菜，看不见一朵有劲的花朵：这便是有名无实。做这种有名无实的事比不做还要糟糕；如果学生习惯了，终其一生，无论做什么事总是这样有名无实，种种实际事务还有逐渐推进和圆满成功的希望吗？我说比不做还要糟糕，并不是抱着多一事不如少一事的心思，主张不要成立那些会和社，不要有图书馆种植园之类的设备。我只是说干那些事都必须认真去干，必须名副其实。自治会硬是要“自治”，研究社硬是要“研究”，项目不妨简单，作业不妨浅易，但凡是提了出来的，必须样样实做，一毫也不放松；有了图书馆硬是要去阅读和参考，有了种植园硬是要去管理和灌溉，规模不妨狭小，门类不妨稀少，但是既然有了这种设备，必须切实利用，每一个机会都不放过。而且，那绝不是一时乘兴的事，既然已经干了起来，便须一直干下去，与学校同其寿命。如果这学期干得起劲，下学期却烟消云散了，今年名副其实，明年却徒有其名了，这从整段的过程说起来，还是个有名无实，还是不足以养成学生的好习惯。

我无论担任哪一门功课，自然要认清那门功课的目标，如国文科在训练思维，养成语言文字的好习惯，理化科在懂得自然，进而操纵自然之类；同时我不忘记各种功课有个总目标，那就是“教育”——造成健全的公民。每一种功课犹如车轮上的一根“辐”，许多的辐必须集中在“教育”的“轴”上，才能成为把国家民族推向前进的整个“轮子”。这个观念虽然近乎抽象，可是很重要。有了这个观念，我才不会贪图省事，把功课教得太松太浅，或者过分要好，把功课教得太紧太深。做人做事原是不分科目的；譬如，一个学生是世代做庄稼的，他帮同父兄做庄稼，你说该属于公民科，生物科，还是数学科？又如，一个学生出外旅行，他接触了许多的人，访问了许多的古迹，游历了许多的山川城镇，你说该属于史地科，体育科，还是艺术科？学校里分科是由于不得已；要会开方小数，不能不懂得加减乘除；知道了唐朝，不能不知道唐朝的前后是什么朝代；由于这种不得已，才有分科教学的办法。可是，学生现在和将来做人做事，还是与前面所举的帮做庄稼和出外旅行一个样，是综合而不可分的；那么，我能只顾分科而不顾综合，只认清自己那门功课的目标而忘记了造成健全的公民这个总的目标吗？

我无论担任哪一门功课，决不专做讲解工作，从跑进教室始，直到下课铃响，只是念一句讲一句。我想，就是国文课，也得让学生自己试读试讲，求知文章的意义，揣摩文章的法则；因为他们一辈子要读书看报，必须单枪匹马，无所依傍才行，国文教师决不能一辈子伴着他们，给他们讲解书报。国文教师的工作只是待他们自己尝试之后，领导他们共同讨论：他们如有错误，给他们纠正；他们如有遗漏，给他们补充；他们不能分析或综合，替他们分析或综合。这样，他们才像学步的幼孩一样，渐渐地能够自己走路，不需要人搀扶；国文课尚且如此，其他功课可想而知。教师捧着理化课本或史地课本，学生对着理化课本或史地课本，一边是念一句讲一句，一边是看一句听一句；这种情景，如果仔细想一想的话，多么滑稽又多么残酷啊！怎么说滑稽？因为这样之后，任何功课都变为国文课了，而且是教学不得其法的国文课。怎么说残酷？因为学生除了听讲以外再没有别的工作，这样听讲要连续到四五个钟头，实在是一种难受的刑罚，我说刑罚绝非夸张，试想我们在什么会场里听人演讲，演讲者的话如果无多意义，很少趣味，如果延长到两三个钟头，我们也要移动椅子，拖擦鞋底，作希望离座的表示；这由于听讲到底是被动的事情，被动的事情做得太久了，便不免有受刑罚似的感觉。在听得厌倦了而还是不能不听的时候，最自然的倾向是外貌表示在那里听，而心思并不在听；这当儿也许游心外骛，一心以为有鸿鹄将至，也许什么都不想，像老僧入了禅定。叫学生一味听讲，实际上无异于要他们游心外骛或者什么都不想，无异于摧残他们的心思活动的机能，岂不是残酷？

我不怕多费学生的心力，我要他们试读，试讲，试作探讨，试作实习，做许多的工作，比仅仅听讲多得多，我要叫他们处于主动的地位。他们没有尝试过的事物，我决不滔滔汩汩地一口气讲给他们听，他们尝试过了，我才讲，可是我并不逐句逐句地讲书，我只给他们纠正，给他们补充，替他们分析和综合。

我如果当大学教师，还是不将我的行业叫作“教书”。依理说，大学生该比中学生更能够自己看书了；我或者自己编了讲义发给他们，或者采用商务印书馆的《大学丛书》或别的书给他们作课本，他们都可以逐章逐节地看下去，不待我教。如果我跑进教室去，按照讲义上课本上所说的复述一遍，直到下课铃响又跑出来，那在我是徒费口舌，在他们是徒费时间，太无聊了；我不想干那样无聊的勾当。我开一门课程，对于那门课程的整个系统或研究方法，至少要有一点儿是我自己的东西，依通常的说法就是所谓“心得”，我才敢于跑进教室去，向学生口讲手画，我不但把我的一点儿给与他们，还要诱导他们帮助他们各自得到他们的一点儿；唯有如此，文化的总和才会越积越多，文化的质地才会今胜于古，明日超过今日。这就不是“教书”了。若有人问这叫什么，我的回答将是：“帮助学生为学。”

据说以前的拳教师教授徒弟，往往藏过一手，不肯尽其所有地拿出来；其意在保持自己的优势，徒弟无论如何高明，总之比我少一手。我不想效学那种拳教师，决不藏过我的一手。我的探讨走的什么途径，我的研究用的什么方法，我将把途径和方法在学生面前尽量公开。那途径即使是我自己开辟的，那方法即使是我独自发现的，我所以能够开辟和发现，也由于种种的“势”，因缘凑合，刚刚给我捉住了：我又有什么可以矜夸的？我又怎么能自以为独得之秘？我如果看见了冷僻的书或是收集了难得的材料，我决不讳莫如深，决不提起，只是偷偷地写我的学术论文。别的人，包括学生在内，倘若得到了那些书或材料，写出学术论文来，不将和我一样地好，或许比我的更好吗？将书或材料认为私有的东西，侥幸于自己的“有”，欣幸于别人的“没有”，这实在是一种卑劣心理，我的心理，自问还不至这么卑劣。

我不想用禁遏的办法，板起脸来对学生说，什么思想不许接触，什么书籍不许阅读。不许接触，偏要接触，不许阅读，偏要阅读，这是人之常情，尤其在青年。禁遏终于不能禁遏，何必多此一举？并且，大学里的功夫既是“为学”，既是“研究”，作为研究对象的材料是越多越好；如果排斥其中的一部分，岂不是舍广博而趋狭小？在化学实验室里，不排斥含有毒性的元素；明知它含有毒性，一样的要教学生加以分析，得到真切的认识。什么思想什么书籍如果认为要不得的话，岂不也可以与含有毒性的元素一样看待，还是要加以研究？学生在研究之中锻炼他们的辨别力和判断力，从而得到结论，凡真是要不得的，他们必将会直指为要不得。这就不禁遏而自禁遏了；其效果比一味禁遏来得切实。

我要做学生的朋友，我要学生做我的朋友。凡是在我班上的学生，我至少要知道他们的性情和习惯，同时也要使他们知道我的性情和习惯。这与我的课程，假如是宋词研究或工程设计，似乎没有关系，可是谁能断言确实没有关系？我不仅在教室内与学生见面，当休闲的时候也要与他们接触，称心而谈，绝无矜饰，像会见一位知心的老朋友一个样。他们如果到我家里来，我决不冷然地问："你们来做什么？"他们如果有什么疑问，问得深一点儿的时候，我决不摇头说："你们要懂得这个还早呢！"问得浅一点儿的时候，我决不带笑说："这还要问吗？我正要考你们呢！"他们听了"你们来做什么"的问话，自己想想说不出来做什么，以后就再也不来了。他们见到问得深也不好，问得浅也不好，不知道怎样问才不深不浅，刚刚合适，以后就再也不问了。这种拒人千里的语言态度，对于不相识的人也不应该有，何况对于最相亲的朋友？

我还是不忘记“教育”那个总目标；无论我教什么课程，如宋词研究或工程设计，决不说除此之外再没有我的事儿了，我不妨纵情任意，或去嫖妓，或去赌博，或做其他不正当的事。我要勉为健全的公民，本来不该做这些事；我要勉为合格的大学教授，尤其不该做这些事。一个教宋词研究或工程设计的教师，他的行为如果不正当的话，其给与学生的影响虽是无形的，却是深刻的；我不能不估计它的深刻程度。我无法教学生一定要敬重我，因为敬重不敬重在学生方面而不在我的方面；可是我总得在课程方面同时在行为方面，尽力取得他们的敬重，因为我是他们的教师。取得他们的敬重，并不为满足我的虚荣心，只因为如此才证明我对课程同时对那个总的目标负了责。

无论当小学、中学或大学的教师，我要时时记着，在我面前的学生都是准备参加建国事业的人。建国事业有大有小，但是样样都是必需的；在必需这个条件上，大事业小事业彼此平等。而要建国成功，必须参加各种事业的人个个够格，真个能够干他的事业。因此，当一班学生毕业的时候，我要逐个逐个地审量一下：甲够格吗？乙够格吗？丙够格吗？……如果答案全是肯定的，我才对自己感到满意：因为我帮助学生总算没有错儿，我对于建国事业也贡献了我的心力。

我决不“外慕徙业”，可是我也希望精神和物质的环境能使我安于其业。安排这样的环境，虽不能说全不是我所能为力，但大部分属于社会国家方面；因此我就不说了。

1941年8月3日作，

刊《教育通讯》4卷32、33期，署名叶圣陶。

给教师的信

一、多刺目的两个字呀

××：

来信收读了。一个初出茅庐的教师，对于教育不免抱着些美妙的想象，听见在行的同事说，这儿的学生非用责打不能制服，你得好好保持你的威严，自然会不相信自己的耳朵。你的惊异是无怪其然的。就是我，看了你的来信也有些怅怅，因为这儿的教育厅已经三令五申地告诫学校，说训育上不得用体罚，而你那个学校仍旧把体罚看作唯一的法宝。我想得很远，想到人们的理解何以相差得这么远，想到我国的教育到底有无改进的希望……结果就来了怅怅。

体罚对于学生心理上会产生什么影响，读过教育课程的人，谁都可以说上一大串，我不想说。我要说的是你来信中所提及的“制服”这两个字。站在利害不同的两边的人，势力较强的一边为了维护自己的利益，用种种方法来压倒对方，使对方没法动弹，这就叫作“制服”。工厂主对于劳工，帝国主义国家对于殖民地人民，手段或硬或软，各有巧妙不同，归根结底，都不离“制服”这个大题目。可是教师跟学生，也是站在利害不同的两边，像工厂主跟劳工、帝国主义国家跟殖民地人民一样的吗？我用尽我的智力，无论如何找不出彼此的相同之点来。然而居然用得着“制服”这两个字，可见在说出这两个字的教师的心目中，他自认是跟学生对立的了。而且对立得那么凶，往极端说，竟与帝国主义国家跟殖民地人民不相上下。既然对立了，还有什么教育可说呢？教育能在教师跟学生对立的情况下进行的吗？可惜他们手中只有教鞭，只有戒尺，我想，如果他能够向军械处领到一挺机关枪，他一定更觉得乐意，会经常把机关枪架在训育处门口——一挺机关枪比起教鞭和戒尺来，更可以把对立的学生“制服”得服服帖帖。

你说你不愿听从在行的同事的话，举起教鞭或戒尺来打学生。你说你如果环境使然，非举起教鞭或戒尺来打学生不能耽下去的话，你宁愿卷铺盖走路。你这一个不愿，一个宁愿，我都极端赞同。这是准备认真当教师的人的起码条件。为什么说起码？因为像你这样，至少表示你并不跟学生对立。而教的一切施为，必须不跟学生对立才谈得上。你若一想到“制服”，一动手打，你就跟学生对立了，那时候，你的指导和训诲就蒙上了压迫者和侵略者的色彩，任你说的是金玉良言，对学生全无实益——他们凭什么要领受你的呢？你说宁愿卷铺盖走路，对，环境迫着你教你非照样做不可的时候，那就表明你不能在那个学校里当教师了，自宜一走了事。专任的薪水跟几斗尊师米虽然可恋，但做事得做成个样儿尤其要紧，不成个样儿勉强要做，是痛苦，也是罪恶。

其实环境也绝不会迫着你教你非打不可的。你的在行的同事惯用他们的办法，你不妨试用你自己的办法。像你当面跟我说的，您愿意做学生的同伴和哥哥，跟他们一块儿生活，尽力指点他们，帮助他们，这个话虽属于原则，依此推到实践方面，就有了你自己的办法。学生又不是天生的小流氓、小强盗，你好好地做他们的同伴，开诚相与，情同手足，他们又何至于硬要跟你捣蛋？你自己正是当学生过来不久的人，教师对你怎样，你就对教师怎样，这在你心中一定有数。一个随时随地为你设想替你帮忙的教师，你肯故意跟他捣蛋吗？即使他偶尔回答不上一个问题，偶尔说错一两句话，你会就此瞧不起他吗？我相信，当教师的不必装作“万能博士”，也不必装作完全无过的“圣人”，这些虚伪的架子全无用处，只要你跟学生站在一边儿，不跟他们对立。你既然已经悟到了这起码的可是基本的一点，你的办法必然行得通，你可以做一个成个样儿的教师。你不用担忧，恐怕同事们诽笑你，说你讨学生的好，或者说你害怕学生。学生知能方面由你的努力而得长进，就是你做得不错的真凭实据。万一同事们嫌你破坏他们的例规，跟你不合作，迫得你非离开不可，反正你已经下了决心，“宁愿卷铺盖走路”，那时自有亲近你爱戴你的学生们抱着依依不舍之情欢送你，你的卷铺盖走路也就一无愧怍了。

在我当教师的朋友中，有两位是最难忘怀的，他们都故世了。一位是吴宾若先生，与我同在一个高小，他当校长。学生有了过失，或是早晨迟到，或是与人口角，他就把那学生招到面前，细细与他谈话，探问他犯过失的原因，指导他补过的办法。有些学生为了害怕或惭愧，往往死不开口，吴先生就又换个头绪来谈，然后回到原旨，非到学生开了口，而且面容上现出衷心领受的神色不休。这样一回谈话，延长到两三个钟头是常事，吴先生宁愿任饭桶里的饭冷却了，泡些热汤下肚。还有一位是创办立达学园的匡互生先生，他把学生的过失看作自己的过失，每逢跟犯过的学生谈话，他往往先滴下眼泪来。学生受了感动，有时就与匡先生相对流泪，甚至相对出声而哭。这两位先生的办法，近于“爱的教育”式，属于所谓感情教育，也有些人不甚赞同，因为这样太软性了，不足以锻炼学生强毅的意志。可是，模仿现在流行的说法，他们都是认定“学生第一”的，教育事业既是“为”学生的事业，在认定“学生第一”这一点上，他们总该受人敬佩。我不知在现在的教育界中，认定“学生第一”的究竟有多少人。此刻我写回信给你，提起吴匡两位，意思自然希望你也认定“学生第一”。我记得你当面对我说的话，我相信你不会辜负我的希望。

1944 年 2 月 16 日作，

刊 22 日《华西晚报》，署名叶圣陶。

二、训育的几派办法

× × 兄：

你当教师经历了四五年，当训育主任却是新近的事，你说有没有意见告诉你，给你作个参考。我从来没有当过训育主任，训育该怎么实施，意想中没有一点儿影子，对于自己的儿女，也不知道该怎么个训法。我实在不能有什么意见告诉你。可是，我常接近教师学生，对于学校里的情形还知道一些，知道之后，心中不免起了反应，有时认为这样很不错，有时认为那样不见妥当。现在就把这些写给你看看，或许对你有些微的用处。

有些教师管训育，抱着个“不许主义”，不许嘻嘻哈哈地笑，不许蹦蹦跳跳地跑，不许看小说，不许自己拆收到的信件，这也不许，那也不许，仿佛学生的思想行动没有一种是要得的。这种“不许主义”的结果，可以把学校弄得很安静，很严肃，可是安静之中流荡着冷气，严肃之中透露出萧瑟。学生个个像恶姑面前的童养媳，阎王殿下的小鬼，一副被“吃瘪”的形色。学生被“吃瘪”正是训育的成功，然而没有想到一层，训育的本旨并非“吃瘪”学生。学校里固然需要安静和严肃，但尤其需要热气和活力。把学生逼成童养媳和小鬼，借以换取安静与严肃，这算什么道理？大凡人生经历，习惯既久，便成自然，如果学生习惯于被“吃瘪”，一辈子具有童养媳和小鬼的习性，这一笔造孽的账可是训育老师担负得起的？并且，你要“吃瘪”学生，学生未必就老实被你

“吃瘪”，堤防筑得越严紧，溃决起来水势越汹涌，这就来了学校风潮。通常的见解总以为闹风潮是学生的过错，但是在“不许主义”的训育之下的风潮，所有过错是否都该归罪学生，是值得考索的。

有些训育老师恰正相反，守着“无为而治”四个大字。早晨升旗时候，学生七零八落，唱起国歌来，参参差差，有气没力，他们不管。学校生活太无聊了，学生闷得慌，有的从教室中溜了出来睡懒觉，有的索性坐在茶馆里吃闲茶抽烟卷，他们不管。社会的引诱力太强大了，学生不免艳羡，谈谈“飞机”经络，弄一支手枪耍耍，他们不管。他们一只眼睛开，一只眼睛闭，一个耳朵开，一个耳朵闭，只要事情不逼到面前来，或是摆在面前而可以转过头去避开，他们就一概作为不见不闻。这是最省事的办法，“无为而治”，落得安闲清静。可惜仔细想想这个“治”字，就有些未能释然。学校里要够得上这个“治”字，至少每个学生的生活都上轨道，进一步，更要使每个学生的生活逐渐上进，逐渐充实。像这样不见不闻，任学生过着懒散的腐败的生活，“无为”固然做到了，可是学校的“治”又在哪儿？

以上说的两派训育老师，做法虽然相反，却有一点相同，他们的训育都是消极的。现在再谈谈积极的。有些教师特别相信训话的功用，以为自己口里说出什么来，学生耳朵里就听进什么去，而且一听就明白，就记住，就运用到思想行动方面去。他们每逢纪念周、朝会、各种各式的集会，从不肯放弃训话的机会，一训就是一个两个钟头，至于他们的材料，常常是些抽象的道德节目，八德啊，四字校训啊，十二守则啊。讲到礼，就翻来覆去注释这个礼字，发挥这个礼字；讲到义，就翻来覆去注释这个义字，发挥这个义字。他们的训育是积极的，他们要学生好，希望学生接受这些道德节目，这毫无疑问。可是他们没有想想，喋喋不休的训话与抽象的道德节目，对于学生的思想行动到底会有多少影响。大凡在教育学心理学方面稍稍有些研究的人，都相信思想行动的长成，必须随时随地，就事事物物上养成习惯，才属可能。说到养成习惯，就绝不是听听训话可以了事的事。第一，必须实践，第二，必须持之以恒，不能实践了一回两回就丢掉。现在专重训话，不很顾到实践，未免把训育看得太简单了。并且，本该是就事事物物上养成习惯的，现在，却只用抽象的道德节目，学生听了礼啊义啊一大套，只觉得迂远难行，与自己的生活联系不起来。结果，学生的一言一动还是表不出诚敬，辨不明是非，与没有受过什么教育一个样。这就可见这一派的做法也有毛病。

另外还有一派注重实践的，常常提出一项道德节目，在一个时期内作为训育的中心，教学生身体力行。他们于是标出“仁爱周”“和平周”等等名目来。在“仁爱周”里，大家要与师长同学相爱，要爱惜花草，要爱护小动物，甚至一个蚂蚁也不可踩死。在“和平周”里，大家要好好相处，你问我：“你好吗？”我得回你一句：“你也好？”相骂打架当然要不得，最好相见的当儿，未开言先赔一副笑脸。这样的训育似乎无可批评，可是我常常见到“一曝十寒”的情形，这就有了问题。“一曝十寒”的情形怎样呢？譬如“仁爱周”过去了，事情就此完毕，往后不说一个蚂蚁，就是作弄一个同学，使他摔跤撞倒，以致头破血流，也不当一回事了。前面说过，养成习惯必须持之以恒，现在想在一个什么周内养成什么习惯，过了那个周就丢开不管，试问能不能收到实效？咱们知道咱们说话、走路、爱父母、守公德等等习惯，都不是从这“一曝十寒”的办法养成的。做一个人，确乎需要各种好习惯，好习惯累积得越多，其人的生活越上进，越充实，像上面说的“一曝十寒”轮流串演的办法，却说不上养成习惯，更说不上累积习惯。

我开头说，“有时认为这样很不错，有时认为那样不见妥当”，现在看看上面写的，都属不见妥当的一方面，很不错的一方面一点也没有说。老实说了吧，开头我这么说，只是顺着语气之自然，按实说，很不错的却不大有。也许有是有的，可是我没看到，或者我的观察不精，思索不周，因而看不出来。我想单说了不见妥当的一方面，也未尝不好。你如果以为我的话有几分是处，就会在前面所说的几派以外，自己去寻求实施训育的办法。我与你不客气，不妨直说，你自己寻求得来的办法未必就对。但是前面所说的几派的毛病，你总可以不犯了。这一点消极的作用，是我仅能贡献给你的。

你寻求有得，希望随时告知。我虽不在教育界，可是很乐于知道学校里有一个认真尽职，真能使学生受益的训育主任。

1944 年 2 月 24 日作，
刊 3 月 1 日《华西晚报》，署名叶圣陶。

三、新的傻子

× × 先生：

接读来信，知道您预备回湖南，设法办个中学，而且希望甚大，如果办得顺利，就将终身以之。现时大家都有些栖栖惶惶，为生活叹气，为物价皱眉，仿佛过日子只是勉强应付，并不是自己安身立命的正轨；而您却想手创一个终身以之的事业，宁走远路，不贪近功，目的无非为当前的建国大业效力，这叫我非常钦佩。我愿您如愿以偿，学校真个办成功，而且办得顺手，在十年八年之后，大家心中都记住您的好成绩。

现时学校的数目也不算少了，大学是至少一省一个，中学是至少一县一个，国民学校据说每保有一个。若就学校的数目看，似乎教育颇受重视，教育事业正在逐步进展中。可惜学校的意义并不等于教育，教育的重视与否，逐步进展与否，还得就另外一些条件看。咱们眼见的实况是一般人办教育往往像衙门公事那么办，像商业生意那么做，且不谈另外的一些条件是什么，衙门公事和商业生意决不跟教育同类是显然的；从此就可以推知教育实在没有受到重视，教育事业实在没有逐步进展。据我的简单的想头，目前的要图不在乎添设什么学校，而在乎把现有的学校好好地办，不看作衙门公事，不看作商业生意，凡所实施都是名副其实的教育，这就很好了。可是您要更进一步，不从现在有的学校入手，而想另外创设一个新学校。据我平日所知于您的，您必然自有一套教育的理想在，所以不愿修坍补漏，必须另起炉灶。世界上有许多怀着理想的人被称为傻子，您对教育自有一套理想，很可能立刻取得傻子的徽号。但这是多么可爱多么不容易取得的徽号啊！

在清朝末年，大家感觉时局日非，那时候对教育抱理想的傻子似乎很多。他们认为教育是一切的根本，只要兴起教育来，政治、经济以及其他各部门都解决了。他们于是开办学校，三间两间破房子就是校舍，找不到同志就以一身兼教各种科目；物质报酬一点儿也没有，他们全不放在心上，宁愿卖了自己的衣服，当了太太的钗环过日子。就现在想起来，他们的方法也许很陈旧，他们的教材也许不见新鲜，可是他们的心是热切的，他们的信念是坚强的。如今四五十岁的人的心中，往往有一个幼年的老师永不能忘，非但永不能忘，而且自知着实受他们的益处——益处不定在各种知识方面，大部在精神上受着他们的熏陶。这班傻子留下这么些影响，他们也可以慰情瞑目了。到后来，这种傻子何以会渐渐少起来，我没有研究，不能说出其原因。至于如今办教育的人，似乎看出了从前那些傻子的毛病，竭力反其道而行之；从前那些傻子认为教育是一切的根本，如今办教育的人却相信教育不是根本，只配做政治、经济各部门的尾巴，既然是尾巴，因循将事，得过且过，也就可以了，何必苦干硬干，徒然消耗自己的生命力？这是他们的全部哲学。我没有接到您的详细开示，不知道您所怀的教育理想是什么；但是我想，您一定不同意于如今办教育的人的想法;同时，你与从前的那些傻子必将同中有异，异中有同，您将是个新的傻子。

募基金，相地皮，修校舍，这些事情麻烦而不太困难。有一件最困难的事情，不知道您已经得到解决没有，那就是集合同志，集合若干新的傻子，在一块儿实现您的教育理想。我常爱说“搭班子”的话，班子指戏班子。一出戏要唱得好，必须个个角色都好，单靠一两个主角卖力，就不成为一出和谐完整的戏，所以要唱好戏，就得集合各项好角色，搭成个完美的班子。许多教师同在一个学校里办教育，就如唱一出具有永久价值的戏，班子搭不好，根本没有唱好的希望。如今学校里最多的是人事问题，人事问题是个新流行的名词，依我的说法，就是班子搭不好。猜忌，不合作，中伤，为了分配尊师米闹起来，公然怠工而学校当局无可奈何，这一类事情，咱们看见得太多，听见得太多了。大家的心思放在人事问题方面多，自然顾到教育方面少；到了专门搅些人事问题，就完全没有教育问题，其实学校尽不妨关门大吉了。您来信说得这么毅然决然，一定要回湖南去办学校，我想对于搭班子该已有了把握吧？不满意教育现况的人，如今很多；不但消极地不满，而且积极怀着理想的人，也不是没有；再进一步，有理想且有方法，认定此时此地的教育该从何处着手的人，当然比较的最少，但也决不致绝无仅有。同声相应，同气相求，以您这样的傻子精神，当可发现一些傻子，吸引一些傻子。希望在您的班子里，没有什么人事问题，彼此每时想的，每天干的，都只是些教育问题。

下次惠书，希望告诉我您的具体办法，就是说，您将怎样实施您的教育。如果我有所见到，自当竭尽我的浅见，跟您讨论。何日动身，并盼示及。

1944 年 3 月 7 日作，

刊 12 日《华西晚报》，署名叶圣陶。

四、关于禁止读小说

×× 先生：

现在给您写这一封信，只谈一件事情。听见贵校的几个同学来说，贵校绝对禁止看小说，我就想跟您谈谈禁止看小说。

你也可以猜想而知，我写这一封信是不赞成禁止看小说。我并不是因为自己写过些小说，就把小说看作宝贝，以为非叫学生看不可。我也不像有些学生那样，认为一切学科一切作业都可以丢在脑后，只消捧一本小说在手，就可以混日子。我只想说，小说在教育上自有它的价值，教育者应该好好地利用它，以收教育上的效果；不好好地利用它，随学生去乱看，这是消极的办法，我不赞成；见学生乱看，觉得讨厌，干脆来个禁止，这是更消极的办法，我更不赞成。

这儿我说的小说，是指好小说，先得提明。好的小说这个称谓似乎有点儿空洞，诚然；但是我不便在这儿列举若干小说，然后归结一句说，像这些都是好的小说，就只能用一个抽象的称谓了。

好的小说都有充量的文艺性。所谓文艺性，粗浅地说，就是它不但叫人"知"，而且叫人"感"；不但叫人看了就完事，而且留下若干东西，叫人自己去思索，自己去玩味。"感"比较"知"深入一层；"知"是我与事物对立，以我"知"彼；"感"是我与事物融和，彼我不分。再说留下若干东西，叫人自己去思索玩味，这就是所谓弦外之音，食余之甘，比较弦停音歇，食尽味绝，受用处自然多些。一般人喜欢看小说，原因就在这儿。而青年人尤其喜欢，这就心理学方面说起来，自有种种解释，咱们暂且不谈；咱们只消想想自己，在青年时代不是也贪看小说，一部《红楼梦》，看了一遍又一遍，读了迭更司[1]的《贼史》[2]，嚣俄[3]的《孤星泪》[4]，而久久不能去怀吗？将自己比他人，就可知道青年人看小说实在是正常的事儿，绝对不宜禁止。

学校里的课程各个分立，这是不得已的办法，不分立就无从指导，无从学习。但因为分立了的缘故，每种课程往往偏于一个境界，如数学理化偏于逻辑的境界，历史地理偏于记认的境界，公民训育偏于道德的境界，等等。教育的最后目标却在种种境界的综合，就是说，使各个分立的课程所发生的影响纠结在一块儿，构成个有机体似的境界，让学生的身心都沉浸在其中。要达到这个目标，自然须得教育者竭尽心力，师生共同实践，而让学生看小说，也是达到这个目标的可能途径。小说不偏于逻辑的境界，记认的境界，道德的境界，等等，它直接触及人生，它所表现的境界是个有机

---

①“迭更司”，今译为“狄更斯”。

②《贼史》，又译《雾都孤儿》。

③“嚣俄”，今译为“雨果”。

④《孤星泪》，又译《悲惨世界》。

体，以人生为它的范围。青年人读了许多小说，吸收了许多好的意思，获得了许多人生经验，因为那些意思与经验都是通过了作者的精神的，青年人渍染既久，其精神也就渐趋高深，即使不能与作者并驾齐驱，至少也会与作者同其倾向。青年人的精神与出色的作者同其倾向，不正是教育所求的效果吗？

也许有人要说，要使教育收综合的效果，有咱们的圣经贤传在，给青年人读些圣经贤传就得了，何必读什么小说？这个话问得有道理，请容我回答。我先要说明，小说跟圣经贤传不是相反的，而是同类的两种东西。咱们不能因见“圣”“贤”字样，过分地表示崇敬，见小说的名儿用个“小”字，抱着偏见特别地瞧它不起。为什么是同类的两种东西？因为小说跟圣经贤传都触着人生，都是少数人的精神产物。二者在细节上，由于时代观念不同，也许有些抵牾；但在大纲节目上，却无不同。依我的想法，二者都应该读；我决不像某些人那样，写到圣经贤传就特别加个引号，以表示其讽刺的瞧不起的意思。可是，谈到给青年人读，就不能不分个缓急先后。圣经贤传大多是古东西，现在人读起来，先得打破一重语言文字上的隔阂，而青年人往往没有能力打破。其次，圣经贤传受着书写工具的限制，大多写得简约，简约之极，必须反复涵泳，多方揣摩，方才能够理会，而青年人不一定有这种能力。又其次，圣经贤传就古代的社会和人生说话，虽然其中尽多通乎古今的道理，而青年人总不免觉着隔膜一层，不甚亲切，不如就近代与现代的社会和人生说话来得感觉兴味。当然还有可以说的，现在且不说吧。试再举些具体的例子来谈谈。譬如《论语》，我以为是承受固有文化的现代我国人必须读的，但是教一个中学青年读《论语》，必然遇到上述的三项困难，而感到吃力。又如《史记》，那是最富有小说味的著作了，但是一篇《项羽本纪》往往使中学青年头痛。所以，假如圣经贤传非读不可，也只能将程序排得后一点，分量定得少一点，而将同类的小说排得前一点，定得多一点，因为小说与圣经贤传在教育上收同样的效果，而在青年人心理上却比圣经贤传容易领受。

您是国文教师，现在我要谈到您的领域里来了。国文教师的任务，一般人不大肯想，只觉得茫无涯岸；其实也很明白，只要指导学生，使他们能够阅读，能够写作，就可以俯仰无愧了。这儿单说阅读。学生一辈子要看各种的书，所以在学校里必须养成阅读能力。听教师讲过了才明白，这不能算有了阅读能力。必须自己看明白，不含糊，不误会，不但字面的意义了悟无遗，就是言外的意义也体会得出，这才算有了阅读能力。学生这种能力不是一朝一夕所养成的，全赖教师给他们引导，譬如小孩子走路，起先是牵着手走，随后是放了手，可是做着手势跟住他，最后才让他自个儿向前走去，教学国文的方法，细说起来虽然头绪繁多，若能认定一点，使学生渐渐能够自己看书，也就把握住了要领。阅读不能没有材料，国文教本当然是材料，但是死捧住一本国文教本还嫌不够；因为阅读能力要在习惯中才能养成，而一本国文教本的习惯未免太少太浅。因此在教本以外，教师必须指导学生看旁的书。教师指导得法，学生看旁的书也能像看国文教本一样，在先是依赖的成分多，在后是自力的成分多，最后竟可以完全出于自力，这才真个有了阅读能力，真个可以看各种书，受用一辈子了。所谓旁的书当然不限于文艺部门的小说，关于修养的书，关于社会科学的书，乃至关于自然科学的书，都可以作为国文科的课外读物；因为那些书都是用我国的语言文字写的，而国文科所训练的，就在使学生通过我国的语言文字了解一切。不过，小说最容易使学生发生兴味，是其一；教国文虽然不就是教文艺，但文艺的鉴赏实在是精神上的绝大补益，让青年人得到这种享受，非但应该而且必须，是其二。为了以上两点，我以为小说在国文科的课外读物中应该占较多的百分比。

说到这儿，我要结束了。小说在精神训练上有价值，在语文教学上有价值，总括起来，就是它在教育上有价值。若有明达的忠诚的教育者，必将选定若干小说，收藏在图书室里，把那些书名大书在揭示牌上，并随时鼓励学生去看，甚至限时督促他们去看。但是，贵校却完全相反，干脆来个禁止看小说。我决不敢说您与您的同事先生们不明达，不忠诚，我以为你们大概是少想了一想。做事情想得欠周到，往往会弄成不妥当的。

你们大概是怕学生看了小说耗费时间，以致旁的功课都弄不好，或者是见有些青年看了武侠小说就要往武当山去学艺求道，看了黑幕小说就想为非作歹，干那拆白党的行径。于是认定小说是青年人的毒害，无异于鸦片，非彻底禁决不可。现在我先就前一项说。你们若认为看小说耗费时间，那就有个前提在，小说虽不是反教育的，而是非教育的。非教育的事物当然该排斥在学校以外。可是像前面所说，你们如果以为有些道理，就可见小说并不是非教育的，而确实是教育的。凡是教育的事物，叫学生去认识，去实践，都不是耗费时间，因为付出的时间自可取得相当的代价。早晨练几十分钟早操，下午踢几场足球，扔几局篮球，为什么不说耗费时间，妨害旁的功课，而加以禁止？原因是那些事项都是教育的。看小说总可以与练早操、踢足球、扔篮球列在同等地位吧？你们既知道看重学生体魄的补益，也不该忽略学生精神上的补益。

再就后一项说。那些武侠小说，黑幕小说，并非我这儿所说的小说。大概你们很能分辨清楚，那些小说，不但你们不赞成学生看，就是我，也不赞成学生看。不过，我的办法不是出一道禁止看小说的布告。我并非要博得宽大的名，实在因为出一道布告没有多大效果。您禁止他们看，他们听命，不敢公开然地看了，但是他们偷偷地看，在被窝里，在茅厕里，在自修室的角落里，你将他们怎么办？您说可以随时地侦察，暗暗缉拿。这种侦缉队似的手段，我就不愿意在学校里施用，这且不多说，试问即使让您拿住了，私看小说该当何罪？再说，他们怕您缉得凶，在学校里果真不看了，但是他们星期天在家里看，放了暑假寒假大看特看，您又将他们怎么办？我说没有多大效果，还是客气的话，老实说，禁止简直毫无效果。您要使学生不看那些坏东西，就是指导他们看好小说，你的指导越周到，越深入，他们从好小说领会到的就越丰富，越精辟。到了那个阶段，他们再看那些坏东西，将要恶心呕吐了，随即丢开还来不及，哪待您去禁止？这是根本的有效的办法，且适合于教育者的风度，希望你们采用。

你们如果以为我的话并非逞臆之谈，请即取消你们的禁令，并且指导学生看好的小说。

1944 年 3 月 8 日作，

刊 20 日《华西晚报》，署名叶圣陶。

唯一的教学方法——演讲

本期刊载一平先生的《冀平中等教育的一瞥》，文中说起他“匆匆地走来走去，没有看见除了讲演以外，采用另一种教学方法的”。偏重于注入式是最不妥善的教学方法，在一般教育论著差不多早成定论；而在实施方面却依然停留在注入式的阶段上，什么时候才得脱离这个阶段，尚难断言，这实在是很可忧虑的现象。

我们知道一部分的教师抱着这样的信念：教师的职务便是教书，而教书的方法便是不间歇地对学生讲演。教学在一方面本来是一种技术，要让抱着上述信念的教师放弃旧有的技术，另行换一种新的，那很不容易，非他们自己下一番刻苦的修炼功夫不可。现今教席如传舍，上学期不知道下学期还被聘与否，除了对于教育真能执着的人，谁肯下什么刻苦的修炼功夫？但是，从学生这方面着想，这种专门讲演的教学方法是非要求改革不可的。我们也是从课室里坐过来的，所遇的教师也大半是只知讲演不知其他的人物。我们的经验是：听得有味时，譬之听说书，涎着脸儿听下去；听得乏味，便偷偷地写字条，看小说，或者沉入漫无边际的冥想；而一天总得听五时六时的讲演，那种倦怠深入骨髓，踢一场球，赛几回跑，是万万抵消不过的；所以一听见某先生缺席，大家不由得拍手了。这种经验为现在一般青年所同具。试问在默默的听讲之中，青年的生命被戕贼到何等的地步？若不要求改革，便无异于自甘沦落了。

如何改革非我们所欲代拟，然而原则是可以略为一说的。凡属于理科的功课，必须以事物的试验和实习为主，书本的诵览为辅；凡属文科的功课，也常用自己的力量去探其中的法则和意义，不要听听就算数。这差不多是最低限度的要求，务请教师帮忙，期其实现。

刊《中学生》杂志 44 号（1934 年 4 月 1 日），未署名。

讲和教

关于课堂里教师的讲，经常听见的有两个说法，一个是“讲深讲透”，再一个是“精讲多练”。“讲深讲透”专就教师方面说。“精讲多练”说到两方面，教师自己要“精讲”，同时要让学生“多练”。

我想，“讲深讲透”虽然专就教师方面说，但是教师胸中总得有学生，因为学生是教师的服务对象。所谓“深”和“透”都是漫无边际的，胸中有学生，就该立个标准，或者定个范围。譬如说，通过教师的讲，凡是学生应该理解的东西，学生真正理解了，这就是“讲深讲透”了。这样限定一下好不好？限定一下很有必要，一可以避免过于求深，不切实际；二可以避免多所讲说，流于烦琐。

再就“精讲多练”想，我以为这个“精”字也漫无边际，似乎可以照前边说的，作同样的限定。至于“多练”，确乎极重要，不经过多练，理解的东西不容易化为熟练的知能和终身的习惯。要学生多练，又要不增加学生额外的负担，似乎不太容易。关键在教师怎样指导学生练习。如果真能做到循序渐进，引导学生脚踏实地一步一步走；练习的方式又多种多样，提个恰当的问，促使学生在关键要点上想一想，也都是练习，不限于写在作业本本上，那就不至于增加学生额外的负担了。

我又想，假如“深”“透”“精”都以使学生真正理解应该理解的东西为限，还有个方法上的问题。开门见山就讲是一种方法；让学生先来思考一番，像旧时教授法所谓“引起动机”那样，然后给他们讲，又是一种方法。如果设计得好，引起动机真正切合学生求知的欲望，那么这种方法比较好。为什么？因为学生先经过思考一番然后听教师的讲，必然专心致志，印入就比较深，言者谆谆，听者藐藐的情形，当然决不会有了。

孔子的想法更进一层，他不仅主张让学生先思考一番，而且要在学生思考而碰壁的时候老师才给教。他说：“不愤不启，不悱不发。举一隅，不以三隅反，则不复也。”一般的解释，“愤”在这儿是想不通的意思，“悱”在这儿是说不清楚的意思，“隅”是四方形的一个角，“反”在这儿是推知的意思。把这两句话说成现代话，大致是“不到他想不通说不清楚的时候不启发他。教给了他一个角，他却不能由此推知其他三个角，就不再教他了”。

从这两句话看，可见孔子极重视学生的主观能动性。学生自己想得通的，说得清楚的，自然不必教。想不通了，说不清楚，这就是碰了壁了，其时学生心头的苦闷多么厉害，要求解决的欲望多么迫切，可想而知。在这种情况下受老师的教，真好比久旱逢甘雨，庄稼就会蓬蓬勃勃地滋长。孔子又强调学生能“以三隅反”，甚至说“不以三隅反”就不再教他了，似乎有点儿过火。我想孔子这第二句话可能是正话反说，意思是在学生碰了壁的时候才给教，学生不仅容易豁然贯通，同时也加强了主观能动性，因而一定能“以三隅反”了。

学生的主观能动性不断发展，将会达到这样一个境界：在事事物物中，随时随地能够发现问题并且解决问题。这样的人才是任何工作任何行业最为需要的，我恳切期望老师们向这方面着力。

1980年1月7日作，1980年1月起，连载于《文汇报》“教育园地”栏目的《晴窗随笔》中的一篇。

关于探讨教材教法的几点想法

听说《课程·教材·教法》创刊，我有几点想法，就说一说。

第一点：经过三四年的努力，各科课本大致齐备了，今后在使用中当然还要修改。至少可以说，各科教材已经初具规模了。按理说，老师对教材的内容应该是熟悉的，问题在怎么运用这些教材把知识和技能教给学生。教和学的关系并不是简单的授给和接受的关系。老师把铅笔分发给学生，只要老师给了，学生就收到了。教课可不是这样，如果不得其法，只照着课本宣讲，学生很可能什么也得不到。所以我想，办这样一种刊物，推动大家来探讨各科教材的教法，交流教学的经验，的确是很有必要的。

第二点：教材即使编得非常详尽，也不过是某一学科的提要，加上一些必要的范例罢了（语文课本几乎全是范例）；

因此，教材只能作为教课的依据，要教得好，使学生受到实益，还靠老师的善于运用。我国有一种至今还相当普遍的观念，认为“教”就是老师讲课本给学生听，“学”就是学生听老师讲课本。如果真的照这样做，学生得到的益处就非常有限。学生要学的，不光是课本上的知识，更重要的是在各科的学习中学会自己寻求知识和解决问题的本领。这是他们一辈子的工作和生活的第一需要。要使学生养成自己寻求知识和解决问题的习惯，并不是容易的事，这就更需要探讨各科教材的教法。

第三点：同样的教材，可以有不同的教法，因为教的人不同，学的人也不同。总之，能收到实效的就是好教法。不要因为某种教法曾经受到某某的赞赏，就此“定于一”，不允许再有别的教法。任何一种教法都有优点和缺点，优点要它更优，缺点要它改正，这才能不断改进。轻易否定一种教法是不好的，把一种教法强加于人也是不好的，因为都不利于动员大家创造好的教法。

第四点：学习别人的成功的教法当然很必要，但是不宜生搬硬套，要结合自己的具体情况和学生的具体情况作适当的变通。同一种教法，因为教的人不同，学的人不同，收到的效果可能有很大的不同。就编辑《课程·教材·教法》这个刊物来说，不要代替老师编什么教案，而应该通过探讨教法和交流教学经验，让老师各自编出适合本校本班的教案来。老师对学生要用启发的手段，刊物对读者（就是教各科的老师）也应该用启发的手段。只有这样，才能使教学质量不断提高。

第五点：一位老师往往只教一门功课，一位学生要学的功课却有许多门。这许多门功课并不是各自孤立的，它们相互之间有很密切的联系。以语文课为例，就没有一门功课离得开语文。学生对各门功课的理解，基础之一就是他的语文程度；老师对各门功课的教导，也都会影响到学生的语文程度。所有各科老师要经常通气，互相配合，同心协力把学生教好。如果一位教师能够精通自己教的那门功课，对其他各门功课也都有大致的了解（按理说这并不是过分的希求），那么他教课的时候就能触类旁通，一定会使学生得到更多的益处。在这一方面给教师以帮助，也是《课程·教材·教法》的任务之一。

1980 年 11 月 10 日作，

刊次年《课程·教材·教法》1 期，署名叶圣陶。

文字并不可靠　教本少用为妙

——在“抢救在学青年”座谈会上的发言

方才舒新城先生说到教材须视教育目标而定，而教育目标千变万化，甚至人人不同，各人都有一套教育观。不过我总觉得中国的情形似乎还没有这么复杂，仅不过是某些人想教出些顺民来，而另一部分人则需要民主，单是这两种分野而已；而这两种分野的确是无法强同，无法妥协调和的。

我是主张读书不必进学校的。这意见在上次座谈会中曾说到过，因为据我的看法，现行的教育制度完全是继承过去的旧精神。前清末年废科举兴学校，而在实质上这学校还是继承科举的一套，精神丝毫没有改变；而这精神，起自汉唐下达明清而历代皆然。这种教育“精神”是要学生读一种死的东西，读了之后考一下，考得出的，由统治者雇用为高级或低级的帮手，考不出的那就一辈子倒霉。试看现在进学校读书的目的，还不是和以前的科举时代一样。过去考中了县试称县学生，再中乡试则称举人，然后进京考中则称进士，可以做官；现在呢，则有各等各级的文凭，还有外国文凭，那是最硬的了，不过现在怕也并不怎么硬得起来，总之，这一批执有文凭的人，就可以作为政治上统治者的帮手。以前统治的方面狭，所需的帮手还少；现在则统治范围广了，物价、交通、衣食住行等方面都要管制得无微不至，所需帮手也就更多；而这些帮手的取得，是通过人事关系，另一层是必须科举出身。事实昭彰，我这说法决不夸大。

而且不仅是精神相通，就是方法也是一致的，过去是专读儒家的书，钻研老庄的人都不会有什么出路。而读了之后，也并不要它有什么用处，不要身体力行，更不问是否受用，只要他能记忆，能在一句中发挥出二句三句，能够为圣人立言，这就可以去应考。而现在的情形又何尝不是如此，进学校的人，不要说文科，就是理工科也是这样，只要能记得住，写得成卷子，考得出，就称是好的，根本不用研究，更不管是否有用。

因之，我认为不想考科举，不想做统治者的帮手的人，大可不必进学校。不过，这说法似乎太过激，事实是有许多人虽则不想考科举，做统治者的帮手，他还是非进学校不可。

那么退一步说，学校应该改良，主要的是必须少用教科书，用得越少越好，最好完全不用。为什么呢？因为我觉得有许多功课是不必通过文字的，甚至理科方面的东西也如此；而且，不仅不需要文字，就是连语言也都讲不清楚。现在“国定本”中有一种所谓“国常”的，那又是聪明人想出来的办法，把国语与常识合并起来，“国语”所讲的就是“常识”，“常识”就附在“国语”里，加些图表就算数了，这是颇为可笑的。譬如“橘子”，在旁边画一个圈圈算是橘子。橘子就是一个圈圈，通过“橘”字，通过图画，通过讲解，孩子们所识得的只是一个圈圈，那就何不把一只橘子放在桌子上让孩子们看，岂不简单明了得多？

真的，许多东西用语言文字是绝对说不清的。像一只杯子，你怎么用文字来正确地说清楚它的形状呢？而现在的教科书是最笨的书，就是想把茶杯写成文字，由文字来认识茶杯。要讲清一个茶杯，恐怕一百个字还不够；在这一百个字当中，有生字，有虚字，而等到学生把生字认得记得了，把虚字弄清楚了，整个茶杯也就没有了。

所以，透过教科书看中国教育，小学的科目一切都是“国语”，材料是常识的国语、算学的国语等等；中学则一切都是国学呢，我虽设有讲过，但在中学时已看到一种风气，就是一切都是英文，除了国文：是解析几何的英文、政治的英文、经济的英文等等。我曾经在内地见到某大学的教授讲“教育学”，因为没有课本，就写在黑板上，先生先写了一黑板的英文，学生抄下来，抄好后再逐字逐句地解释，学生就记中文的笔记；解释好了再写一黑板，再抄再讲，据说每一节课最多可讲完三黑板，少则两黑板。这岂不是在教英文，哪里还有什么“教育学”的影子？其他科目，还不都是一样，除了国文。这样的教育除了使学生记得住考得出之外，还有什么用处，不要说使学生永远受用；对他将来发生良好的影响是绝不可能的，就是能在日常生活中有点用处也是不可能的。那么，这样的教本教材还有什么用处，教科书又要它干吗？

通过文字绝不能认识事物，要认识事物不能借助于文字。这样，学校的先生又将做些什么呢？我认为先生应该是一幕戏的导演，更应该是演戏中的一个角色，他应该指导学生怎样排演，并且跟着他们一起演。不过，刚才俞先生已提到过，现在先生连饭都吃不饱，照顾生命都还忙不过来，又哪来这份兴致，所以只能沿用陈法，把数十年前的知识，遵循千百年前的精神，通过语言文字，敷衍故事地“教”给学生，决不关心到学生是否受用，但以考试成绩为指标。

事实是如此。我说的还都是空话，不过，无论如何，文字语言的障碍是必须扫除的，要使学生能在实际生活中认识事物时，那是真正有用的教育，单靠文字实在没有用处。

刊 1946 年 8 月 18 日《文汇报》，署名叶圣陶。

教师应该怎样教课

——在某师范学校周会上的讲话

在民国初年，我也做过多年的小学教师，可惜得很，教书所用的方法是很古老的。现在已经过了三十多年了，看去仍旧用着老方法，老到唐宋以前的方法。现代的学校，科目虽是改变了，而方法仍旧没有改变。

老方法可以分成两种：一种是文字教育，一种是记忆教育。先讲文字教育。从前总是先读《诗经》，因为《诗经》是韵文，容易读，所以开始就“关关雎鸠，在河之洲”地读《诗经》了；也有因为要应举子的考试，先读“四书”，这“四书”就是把《礼记》中的《大学》《中庸》两篇，加入《论语》《孟子》，并为“四书”，说是儒家的精义所在。

念书并不讲意义，先生读，学生跟着读，同刚才读《总理遗嘱》，全体循声诵读的样子差不多，念到能够背，便算一天的功课完毕了。学生年龄大一点的，先生开讲了，开讲也有次序，有的先讲《论语》:“子曰，学而时习之”，这样照字面地讲下去；有的先讲《左传》，因为《左传》里的许多春秋时代的故事，讲时很有趣味，学生喜欢听。所谓讲，也不过把文字翻译成土话，把文字讲清楚了就完了。这种情形，诸位不要觉得好笑，现在的大学中学甚至小学里都还在这样教。抗战期间我在四川，曾到过二十多个县，参观学校教学的情形，看他们教国文多是如此教法的。

诸位都知道读国文是需要预习的。我们读国文有两个目标，第一个是学习看书。自己要会看书，便不能专依靠先生来讲，要用自己的力量来看，先要看懂文的内容，再从自己的经验来判别内容，对或不对。上课的时候，好像开一个讨论会，先生是主席，提出许多问题来看学生有没有预习，随后先生再修正学生的见解，改正学生的错误。这样做起来，先生也许要感到太难了，工作太多了。不过，我以为，如果要学生得到实际的利益，先生非要辛苦一点不可！

国文且不说，现在甚至历史地理、数学理化之类，这些是有实在东西的科目，必须依据已得的知识，来做进一步的研究的，决不能同国语国文一样只照着文字读。可是现在大多数的学校也还在用老方法教，一切的功课都变了国语国文：

史地的先生讲史地的国文，数学的先生在教数学的国文，一切的东西都变了文字教育，反把实在的东西丢在一边。这种教育，实在应该打倒！

文字是符号，符号要应用在实际的生活里才有意义。譬如说，“学而时习之”这一句，单从字面讲解是不够的，一定要弄清楚假使不“时习之”又怎么样。这便是学习心理的问题；再讲到文言文的句子，这中间有“而”“之”两个字，“而”字是什么口气？是一个连词，再仔细研究，还含有“假如”的意思在里面，同样的句法，也可以举些例子，如：“读而勤攻之”“爱而久焉”，等等；“之”字相当于现在的“它”字，在这里代“学”字，这种情形在口语里是没有的，在文言文却时常用到，这是文字方面应用方法的研究。

再讲记忆教育。记忆实在是学习的基本问题，如史地里面的人名、地名、朝代，等等，非牢记不可；但不能专靠记忆，来解决教学上的一切问题。从前读儒家的书是不许怀疑的（如《庄子》《离骚》、宋词等是被认为旁门，不许看的），只要记住成了。这记忆教育，到了现在还是不能改良，只要学得很多记得很多，便算成功。其实这种记忆之学便是杂学，自己没有东西的，所以是真真有学问的人所看不起的，可是直到现在还在援用。有许多学校还禁止看课外书，据说他的理由是：一来，看了课外书，学生的思想容易引起转变；二来，读了课外书，便要疏忽课内的书了。

还有像毕业考试升学考试必须要用某书局的教本为标准，只要记好这些课本的内容，便可以应考了，这种办法，对于学生，实在不是要他好，而是要他坏，不要学生的脑子活动。于是这些学生由小学而中学，而大学，十六年的光阴，浪费在记忆里；等到毕业以后，要用自己的脑子应付实际的生活了，却已经来不及了。

现在我所要提出的，文字教育实在就是内容问题，记忆教育实在就是方法问题。将来诸位毕业以后，出去教书，千万不要再用老方法了，更不要受了人家的熏染，仍旧走到老路上去。最好还要劝劝人家，希望大家来把教育的方法改良一下。

1947 年 1 月 14 日发表

文学工作和语言教育

——在第二次文代大会上的发言

今天让我在这里发言，可以说的很多，可是不能散漫地说，不能想到哪里说到哪里，只能限定个范围来说。我想文学是语言的艺术，我就把我的发言限定在语言这个范围里。并不是我对于语言有什么特别研究，我只想在同志们面前说一说我的理解，请同志们看我的理解对不对。根据我的理解，我还有一个希望，希望大家互相勉励，在语言方面多多注意，因为我们搞的是语言的艺术。

斯大林的《马克思主义与语言学问题》的译本出版之后，我读了两三遍。我不敢说对于这部著作有多少领会，现在只想从这部著作里摘出少数语句来谈谈。从一部著作里摘出几句来，往往容易犯断章取义的毛病，我希望我不至于犯这个毛病。斯大林的著作里说：“语言是直接与思维联系的，它把人的思维活动的结果，认识活动的成果，用词及由词组成的句子记载下来，巩固起来，这样就使人类社会中思想交流成为可能的了。”这是我要摘出的一句话。另外还要摘出几句，就是以下的几句。“不论人底（的）头脑中会产生什么样的思想，以及这些思想在什么时候产生，他们只有在语言的材料底基础上、在语言的术语和词句底（的）基础上才能产生和存在。完全没有语言的材料和完全没有语言的‘自然物质’的赤裸裸的思想，是不存在的。‘语言是思想底（的）直接现实’（马克思）。思想底（的）真实性是表现在语言之中。”

斯大林否认“赤裸裸的思想”。什么叫“赤裸裸的思想”？就是说，思想无所依傍，没有质料也没有形式，是自然而然出现的那么空灵玄妙、难以捉摸的东西。斯大林说那样的思想“是不存在的”。思想绝不是无所依傍的，思想依傍语言。思想有它的质料，就是语言的材料，就是语汇。思想有它的形式，就是语言的规律，就是语法。无论想得粗浅的，想得精深的，都摆脱不了语言的质料跟形式。无论这个民族的人，那个民族的人，他想的时候都摆脱不了他那个民族的语言的质料跟形式。一个人学会了旁的民族的语言，他也可以依傍旁的民族的语言来思维，可不能一种语言也不依傍。脱离了语言就没法思维。

再说得明白些，人在那里思维，同时就是在那里说话。起初想不清楚，那因为适当的材料（语汇）跟适当的组织形式（语句构造）还没有确定下来。什么时候才算想清楚了呢?那就是适当的材料跟适当的组织形式确定下来了，能够把语言明白通畅地说出来的时候。思维活动的结果，认识活动的成果，无非是说成明白通畅的语言，简单的只消一句两句就成，繁复的就得多到几千句几万句。我惯常说这么一句话，语言是思想的定型。所谓定型不仅定思想的形式，同时也定思想的质料，因为语言里所用的材料就是思想本身的质料，那是二而一的。思想拿不出来，定型成为语言，这才拿得出来，说出来可以让人家听见，写下来可以让人家看见，人家凭你的语言就可以知道你想的什么。马克思说“语言是思想底（的）直接现实”，大概就是这个意思。

所谓思维活动跟认识活动当然得根据实践，得根据直接间接的种种经验，经过一番活动，然后定型成为拿得出来的语言。那定型对不对，好不好，就决定思维活动跟认识活动的对不对，好不好，所以绝对不能随便。要是觉得活动的结果有些不对头，有些不大好，就得重新来过，重新定型，也就是重新说成拿得出来的语言。我们决不能说，我拿出来的只是个大概的轮廓，朦胧的影像，这就够了，藏在我脑子里的东西可要完美得多。这样把拿出来的跟藏在脑子里的分开，以为不妨让它们有些距离，其实就是承认脑子里另外有个“赤裸裸的思想”，就是承认思维是一回事，语言又是一回事。这个想法是很不妥当的，在思想交流上是大有妨碍的。

要是我的语言杂乱无章，人家决不会承认我的思想有条有理，因为语言杂乱无章正就是思想杂乱无章。要是我的语言含糊朦胧，人家决不会承认我的思想清楚明确，因为语言含糊朦胧正就是思想含糊朦胧。要是我的语言干巴巴的，人家决不会承认我的思想好像刚开的花朵，因为语言干巴巴的正就是思想干巴巴的。——照样说下去可以说得很多，不要说吧。总之，在思想交流上，我跟人家，人家跟我，关系是这样的：只有我拿出来的定型的语言对头，人家才会承认我的思维跟认识对头。反过来，我拿出来的不对头，人家就无从承认我的思维跟认识对头。这是一条明白得很的规律。要是不相信这么一条规律，希望人家不要太拘于我的语言，希望人家在我的语言之外领会我的思维跟认识，那就未免有些主观主义了。主观主义是经常会误事的。

曾经有人说，语言，小节而已，重要的是内容。现在从思维跟语言的联系上看，知道没有什么赤裸裸的内容，又从思想交流的实际情况上看，知道思想交流不靠旁的，就靠语言，那么语言到底是小节不是，也无须说明了。这几天听了茅盾、周扬两位先生的报告，他们都强调语言的重要，茅盾先生说得尤其多。我自以为能够体会他们两位的用心。无论什么场合，思想交流总希望它尽量少打折扣，何况文学工作是思想工作里头的重要部门，更希望它完全不打折扣，收到思想交流最大的效果。所以，我们虽然不存语言是小节的想头，还是应该在语言方面多多注意。——我的前一段话到此为止。我还要补一句似乎多余的话，我并没有说应该注意的就只有这一方面。

现在再来说一段。语言原是不断发展的，有发展就有变化。从我幼年到现在，几十年来，我觉得我国的语言变化相当大。这是可以理解的。社会生活各方面的变化，历史上没有一个时期像几十年来那样的剧烈。剧烈的生活变化不能不影响语言，语言就相应地起相当大的变化了。这个变化不是仅仅与少数人有关的事情，可以说，每个人都参加在内。怎么说每个人都参加在内？为了需要，每个人可以创造一些新的语言，同时不可避免的，每个人都受着旁人的语言的影响。正因为每个人都参加在内，所以语言变化的面积非常宽广，语言变化的情况非常复杂。这就免不了发生分歧跟混乱。语言的发展跟变化是势所必然的，语言的分歧跟混乱却是不能容忍的。因为分歧跟混乱妨碍着思想交流，会使思想交流打折扣。

一九五一年六月间《人民日报》发表社论，号召大家“正确地使用祖国的语言，为语言的纯洁和健康而斗争”，这是很及时的，很必要的。大家提高警惕，正确地使用语言，要求语言的纯洁和健康，才可以适应语言发展语言变化的趋势，而不至于走向分歧跟混乱。在这里，我想简单地说一说怎样才是正确的使用。可以分两方面说。就语言的材料说，从实际事物出发，彻底了解彻底掌握了语汇的意义，然后使用，那就是正确的使用。就语言的组织形式说，从实际事物出发，彻底了解彻底掌握了语法的关系，然后使用，那就是正确的使用。巴甫洛夫研究人类的高级神经活动，把语言叫作信号的信号。他那后一个信号指语言，前一个信号指实际事物。他所谓信号，好比运动场上的信号枪声，砰的一响，运动员就起反应，拔脚飞跑。信号这个概念是跟反应这个概念联系着的。实际事物为什么是信号？因为它引起我们的反应，使我们的头脑作种种的思维活动跟认识活动。语言又是实际事物的信号，我们听到了语言或者看到了记录语言的文字，也起反应，跟接触了实际事物一个样。这样看来，了解语言的意义跟规律，掌握语言的意义跟规律，必须从实际事物出发，语言必须恰好地代表实际事物，不是很明白吗？所以我说，只有在这样的情况之下使用语言，才是正确的使用。

正确地使用语言原是大家的事，不仅是文学作家的事。谁能够正确地使用，谁就有好处，而且好处不仅在自己。不过在这件事情上，我以为文学作家应该起带头作用。这是无须说噜噜苏苏的许多话来阐明的。光有号召，没有范例，大家未必摸得清正确不正确的区别在哪里，未必认得准什么叫纯洁，什么叫健康，什么叫不纯洁，什么叫不健康。文学作家带头来实践，写成的作品就是范例，可以拿给大家看，可以告诉大家，这样的使用就是正确的使用，这样的语言就是纯洁的，健康的。当然有许多作家在这方面起了带头作用，现在我在这里表示我的希望，希望所有的作家都来带头。要是我们的作家都来带头，那影响是不可估量的，不但社会中语言分歧语言混乱的现象可以从早消灭，而且我国现代的文学语言也可以从早形成。照目前的情形看，我国现代的文学语言还没有形成，我这个说法想来可以取得同志们的同意。

我是个出版工作者，写稿子，看稿子，改稿子，发排，校对，付印，成年累月就搞这一套。我经常有这么一个想头，我们的书出出去，让读者吸收种种知识跟经验，同时不可避免地让读者受到语言方面的影响。换句话说，我们的书对读者进行社会科学自然科学文学美术种种方面的教育，同时对读者进行语言的教育。而且照我刚才所说，语言跟内容是拆不开的，必须语言方面毫不马虎随便，才可以恰如其分地表达出那个内容。想到这些，我就不敢存马虎随便的心思。虽然因为思想的水平不够，实践的力量不充分，我跟我的工作同志没有什么比较可以满意的成绩，可是我们的认识大概是可取的。语言教育固然不是唯一的大事，然而不可否认，也是许多大事里头的一件。像刚才说的，要消灭社会中语言分歧语言混乱的现象，要形成我国现代的文学语言，难道是小事不是大事？担当这件大事的不仅是学校里的语文教师，做报告的，发表演说的，广播员，戏剧演员，电影演员，写稿子登在报上的，写稿子登在杂志上的，写各种各样的书稿出版的，翻译各种各样的书稿出版的，全都担负着语言教育的责任，就影响的范围看，语文教师的影响限于学校里，其他的人的影响普遍到整个社会。要是其他的人不跟语文教师配合，不负起语言教育的责任，那么语文教师即使不至于徒劳无功，也必然会事倍功半。可是，其他的人只要想到语言是所谓“公器”，是大家使用的工具，这个工具必须磨炼得无往不利，才可以拿来作各方面的斗争，就会觉得责无旁贷，就会把语言教育的责任认真地担负起来。其中文学作家的责任感一定会比旁人更强，因为文学作家是灵魂的工程师，文学是语言的艺术。——我的后一段话到此为止。

我的理解很浅薄，非但浅薄，可能错误。可是我的心是诚恳的。刚才说过，语言教育固然不是唯一的大事，然而是许多大事里头的一件。我相信这个看法不至于错误，所以有机会总愿意说一说我的理解。今天，各方面的作家，文学工作的领导同志，差不多都在这里，这在我是个难得的机会，所以我不说别的，光说这个，请同志们指教。我愿意跟在同志们的后头，共同努力。

1953 年 9 月 30 日讲，原题《语言和语言教育》

关于师范教育

现在大家逐渐重视师范教育了，认为师范教育是推进和革新教育事业的根本。这是极可欣喜的事。

重视师范教育，期望在不远的将来，绝大部分中学、小学、幼儿园的教师都是师范出身；所教学校的级别与所受师范教育的级别相当，如师大、师院出身的教高中，幼师出身的教幼儿园。

学得高深些的师范毕业生教较高级的学校，学得浅近些的师范毕业生教低级的学校，似乎是顺理成章的事。据说别国大都如此；又听说某些国家的小学教师必得是大学毕业生，毕业之后还得受教育方面的专业训练，合格的才可以当小学教师。

我想，较高级的师范毕业生教较高级的学校，较低级的师范毕业生教较低级的学校，这个办法所以被认为顺理成章，只是从某些学科的教学情况得来的。例如教数学，如果你教的是小学，只要对算术通透熟练，又善于引导小学生认真学习，就可以胜任愉快了。又如教小学的唱歌和图画，只要能教学生唱得不离谱，又能唱出歌词的感情来，能教学生对准物象描绘，又能取其要舍其不必要，那就是挺不错的唱歌老师、图画老师了。从上举例子看，似乎可以证明学得浅近些就足以当小学老师了。

仔细想想可不尽然。且不说前面所举的教算术、教唱歌、教图画的实践情况，在仅仅浅近地学过数学、唱歌、图画的人未必都能做到。不妨另外再举些例子，比如教小学的动植物和历史的功课。小学生对这些方面并无知识，动植物还见过若干种，切实的知识当然谈不上，历史则全无所知。要使小学生从这些功课真正受益，首先在于把课本编好。课本能够编得简而要，浅显而正确，刚好给学生将来进一步学习引路，那就可以说相当好了。其次在于教师依据课本把功课教好。教功课绝对不是讲课本，使学生把课本上的语句记住，能一字不错地背诵出来。教功课的首要任务在于深切体会编得相当好的课本的内容，引导并且帮助学生去观察，去实验，去思索，为学生将来进一步学习动植物和历史打下结实的基础。如果是仅仅浅近地学过动植物和历史的人，要他完成这样的首要任务恐怕并不容易。

再就另外方面来考虑。凡是当教师，教育学总是必须学的。且不说目前我国有多少种教育学的教本，孰好孰差；总之，各级师范生都必须研究教育学，担任各级各科的教师都必须实践教育学的要旨（这当然是就原则而言）。教育学的要旨，扼要地说，无非阐明国家为什么办教育，该怎样办教育，各级学校该教哪些功课，各种功课该怎样按其性质用不同的方式方法来教，功课以外该怎样训练学生，陶冶学生，使他们德智体全面发展，成为社会的合格成员，国家的合格公民。学校的级别有不同，学生的程度有不同，教师关于教育学的领会却没有什么不同，而且必须相同，因为现在的幼儿就是将来的少年和青年，各级的教师认识一致，实践一致，才真能收到教育的最好效果（校外的人能与教育工作者一致当然更好，尤其是学生家庭里的成员）。教育学之外还有心理学和生理学，也是教育工作者非学好不可的。普通心理学、普通生理学之外，还得各就所教的对象分别学好儿童心理学、儿童生理学或青年心理学、青年生理学。前者并不低于后者，后者并不高于前者，这是谁也不会否认的。

还有一门学科是所有教育工作者必须学好的，就是语言学——切合实用的语言学。语言是人与人交际的最主要的工具，这是一层。教师教学生，除开“身教”就是“言教”，言教必得凭正确的语言，这又是一层。学生一定要学好语言，语言学得不好，对于生活方面和工作方面都极为不利，这是第三层。从以上说的三层着想，凡是当教师的人绝无例外地要学好语言，才能做好教育工作和教学工作。语言与思维密切相关，语言说得好在乎思维的正确。因此，锻炼思维极为重要。思维要锻炼得经常有条有理，一步一步地想丝毫不乱，而且没有不相干的东西掺杂在里边，说出来的语言才是正确的有效的语言。试想想，如果无论什么级别、类别的学校里的教师全都经过锻炼，随时随地说的语言总是正确的有效的，学生受到的感染将有多么深，受到的实益将有多么大。

所有教师实际上都负担语言教育的责任，语文教师则负担语言教学的专责。现在一部分语文教师认为语文课光管给学生讲语文课本，光管教学生作文，作了文给他们批改。这是错误的认识，必须赶快改变。必须认识到看书读书其实就是听他人的话——用眼睛从书面上听他人的话，作文其实就是说自己的话——用笔在纸上说自己的话；读和听是同一回事，写和说是同一回事，不能丢开听和说不顾，光管读和写。认清了这一层，语文教学才能切合实际，对学生真有益处。学习语文课本就是听他人说各色各样的话，一定要使学生能够抓住课文的要点，辨明好处在哪里，如有不足之处又在哪里，由此练成听他人的谈话、报告以及阅读各种书刊的扎实能力。学习作文就是说出自己的话，一定要使学生把意思想清楚了，把次序安排好了，然后像平时说话一样顺顺当当地写出来。作文绝不是说一番空话、假话、套话、连自己也莫名其妙的话。所以教师一定要预料学生有什么能够说的材料，或是想得清的，或是经历过的，在此范围内出个题目让他们写。要不然，就是引导学生乱说一阵，结果是养成学生的语言的不良习惯——也就是思维的不良习惯。这是绝对对不起学生的。

若就“听说读写”四项的发展先后来想，当然是听说在先，读写在后。小孩在一岁半到两岁的时候就注意听大人的话了（我以前对儿辈、孙辈、重孙辈都不曾注意，近年来才注意一个最小的重孙女，可是说不上精细）。大概是逐渐从不注意听到注意听，逐渐从听不懂到听得懂，逐渐从听错而自己纠正，达到不听错。一边听，一边学着说。发音发得能使他人听得清是艰苦的历程。说简单的话，往往是说错了自己纠正，终于达到不错；她所以知道错不错似乎看所说的话是否达到她的目的。大约学说了三四个月，她的简单的话按语法说是合式的了，而且有些妙句了。举两个例子。她见下雹子，说“掉豆豆了”。她往北海公园看见荷花，说“花儿掉水里了”。这两句话合乎语法，又是最简单的形象思维。我并不想夸说重孙女，我举她为例，是想说小孩学习语言，大概是不断地从实践中发觉错误纠正错误的过程。学校教育系统中的语言教育开始于幼儿园，幼儿园训练的是听和说，这是基本。儿童进了小学才开始识字，开始读课本，这才遇到读和写的事。读和写是听和说的发展，绝不是两码事，凡是语文教师，对这一点必须确信不疑，始终贯彻在教学工作之中。

对于语法、修辞和逻辑，教师必须在语言实践（就是听、说、读、写）中知其然并且知其所以然。举些例子。听一句话或是说一句话，要能把这句话切开来，说得出这部分与那部分什么关系，哪几个词是主要的，哪几个词是次要的，却又是必不可少的。这就是语法、修辞方面的“知其所以然”。听一段话或是说一段话，要交代得出这一句为什么在前，那一句为什么在后，为什么颠倒过来就不成，缺少了这一句或那一句也不成。这就是逻辑方面的“知其所以然”。教师有了这样的素养，就不至于漫无凭证地说这句对那句不对，这段完整那段有欠缺了。对于学生，可不必同样要求。语法、修辞教得详细甚至于烦琐，徒然使学生厌倦，还是简要地教一些，而在他们听说读写的实践中随时给他们指点启发的好。

假如各级学校精神一贯，学生所受的语言教育就足够了，可以适应生活和工作的需要了。追究到根源，却在于幼儿园训练孩子听和说，基础打得好。从幼儿园的孩子到高中生，各项程度显然有高低之分。但是幼儿园的教师与高中语文教师共同站在语言教育的阵线上，并且做的是打基础的工作，竟可以说责任更为重大，功能更为重要。只要平心静气想想，这样看法该是谁都同意的。

说到这里，我还想插说一点意见。现在大学和师院都有“写作”课，先是中文系有，后来逐渐推广到其他科系，详细情形我不知道，只知道趋势还在推广中。为什么大学要设写作课？回答是大学生笔下的功夫差，写出来的东西不能或者不够应用，所以要设写作课。从这样的回答可以知道，写作课原来是补课的性质。学生在中学里没把语文课学好，所以进了大学还要补。写作课怎么个情形呢？我大略知道，还是与中学相仿，也是选几篇范文来讲讲，出几个题目叫学生做。写作课的效果如何，据说还没作调查研究，难以确说。不过据我的浅见，语言教育总该在普通教育阶段完成，这就是说一般的听说读写能力应当达到充分应用的程度了；大学里的写作课如今虽然还处于增长的趋势中，将来总得取消。按理说，大学不应该以宝贵的学习时间使学生补习中学的功课。

插话说罢，现在可以回到本篇开头的地方去了。一般认为所受师范教育的高低与所教学校的级别相适应，级别低的学校，级别低的师范毕业生就可以对付；其实呢，就若干功课来看就不然，级别低的学校的很多功课也要水平高的教师才教得好；何况教育工作不限于课堂教学，课堂教学之外还有很多重要的事要做。说到这儿，我非常向往于某些国家的情况了——小学教师必得是大学毕业生，还得受教育方面的专业训练。

我所说的都属空想，现在还在准备按照宪法普及初等义务教育的时期，而初等教育的实质究竟怎样，很可能问十个人有十种回答。总之，决不会定出这样一条来，说小学教师必得由师大、师院的毕业生担任。但是，现在是一切事业要求改革，开创新局面的时期；教育事业必须改革，有心人完全一致；教育事业怎样改革，许多实行家正在作种种调查研究和实践试验。我把我的空想写出来，或许可以供诸位实行家看一看，想一想。于是我就写了这一篇。

1983 年 12 月 14 日作，

刊 1984 年 2 月 18 日《中国教育报》，署名叶圣陶。

关于思想品德课

小学增设思想品德课，当然是好事。

若问为什么要增设这一课，回答当然是要使学生从小就有好思想好品德，打下根基，日后越来越好。

我时常想，好思想和好品德只是两个抽象的名词，而够得上这两个抽象名词的，必然是具体的辨认和行动。譬如说，某个孩子真正懂得苍蝇和蚊子对人们的危害，真正懂得蜜蜂和青蛙对人们的好处，他就随时随地扑灭苍蝇蚊子，保护蜜蜂青蛙；对这个孩子，咱们就说他在这一方面有了好思想和好品德。

我以为抽象的德目如爱劳动、爱祖国，对学生尽可以少在口头上提出，而在具体的引导和训练中却必须看准学生的发展程度和个人特征随时用力，不可丝毫放松。

我又时常想，要有好思想好品德不仅是听人讲讲就够了的事。苍蝇蚊子的危害，蜜蜂青蛙的好处，可以听家长和老师的讲说而知道，也可以凭自己的观察和思索而领悟。光靠被动的听讲总是不够的。在听讲的同时还必须自动地动脑筋，把有关的种种关系辨认得一清二楚，这才不仅知道，而且确信；由于确信，就咬定非如此如彼不可，积久而习惯成自然，于是对苍蝇蚊子一定扑灭，对蜜蜂青蛙一定保护，这种好思想好品德就成为终身的伙伴了。

我恳切期望家长和老师节约讲说的工夫，能不讲就不讲，必须讲的时候也只画龙点睛似的点几句；腾出工夫来，在引导孩子自动动脑筋的方面多想办法多花力气。这固然不太容易，要是做得好，却是够孩子一辈子受用的。

我又时常想，要学生有好思想好品德，如果家庭、学校、社会上的各方各面真能通力协作，必然易于见效，因为每个学生都生活在这些群体里。缩小范围来说，在一所学校里，如果全校的老师在思想认识方面，在生活习惯方面，基本上彼此一致，这就是极为重要的通力协作；由于老师通力协作的熏陶，他们对学生的指导和训练就容易产生好影响，收到好效果。

增设了思想品德课，该不会把培养学生好思想好品德的责任全搁在担任该课的老师的肩膀上吧；我想如果这样做是非常不妥当的，我相信一定不会。换句话说，就是虽然增设了思想品德课，还是要全校老师通力协作。

再进一步想，课内的所有知识课和技术课，课外的种种校内校外活动，实际上都有培养好思想好品德的作用。只要老师教得好，引导得好，学生学得好，活动得好，就不必另加什么“思想品德”的尾巴，学生自然而然能在思想品德方面不断长进。所以我常说，思想政治寓于各种功课和各种课外活动之中。我自以为这个“寓于”的观点是不错的，实际上确实如此。细说起来要写许多话，我在他处已经写过几篇，这里不写了。

1982年8月14日作，

刊《课程·教材·教法》4期，署名叶圣陶。

认真写字

接到好几封来信，问起写字的事，现在作个总答复，供来信的同志参考。

除了只准备自己看的日记笔记，咱们写些什么都是给别人看的。写封信，给收信人看。起个文件稿，给有关的同志看。老师写板书，批作业，给学生看。编辑者写付排的稿子，给排字工人看。只要相信随时随地给人方便是正当的态度，咱们就得把字写得好些，因为写得不好就叫人不方便。不容易认清，要猜想大半天，不方便。不干不净，满纸错乱，看上去毫无快感，不方便。看了大半天还是有些字认不清，或者以为认清了而实际是认错了，那就不仅是不方便了。写字好像只是一件小事，照前边所说的那样一想，就知道涉及对人的态度，其实并非小事。

什么叫写得好些？好的标准是什么？从怎样叫人方便着

想，就明白了。笔画清楚，间架合式，一看认得清，决不会认错，人家就方便。行款整齐，通体匀称，看着很舒服，乐于看下去，人家就方便。笔画清楚，间架合式，行款整齐，通体匀称，做到这十六个字很够了，简直可以说写得好了。

做到前边所说的十六个字，难吗？不难，谁都做得到。不过写字是一种技能，凡是技能，不能要它会就会，更不能要它好就好，一定要经过练习才能会，一定要经过认真练习才能好。练习写字当然用手，可是同时要用心，心到手到，持之以恒，习惯成自然，写字的技能就掌握住了。

形近的字如“己”和“已”，“处”和“外”，辨清楚分别在哪儿。形近的偏旁如“氵”和“讠”，“礻”和“衤”，想明白怎样才不混。至于行书，几笔怎样连起来的，点画转折怎样才适当，尤其要熟悉那约定俗成的规格，因为差一点儿可能是另外一个字，也可能不成字。辨清楚了，想明白了，认熟悉了，这算是心到，还要手到。拿起笔来写，硬是分别得很清楚，一点儿也不混，完全合乎约定俗成的规格，这就是手到。这样心手俱到，就能做到笔画清楚。

同样是“讠”旁的字，“讨”字的“讠”旁占二分之一，“谢”字的“讠”旁占三分之一。同样是“心”底的字，“态”字的“心”底占二分之一，“愁”字的“心”底占三分之一。

“中”“年”“皮”“也”之类，一竖都居正中。“王”“佳”“真”“青”之类，几画距离均匀。“呼”字的“口”在左上，“和”字的“口”在右下。“乡”“勿”的几笔一顺往左斜，“常”“墨”的两竖上下相承贯。“里”“周”“帝”“章”天生长形，“也”“比”“以”“归”天生扁形。“口”“日”“白”“主”形体较小，“园”“盛”“隆”“顾”形体较大。也说不尽许多。总之，在这方面注意，就是注意字的间架。间架本来指房子的宽窄的格式，借用到字上，指各个字的结构格式。能够注意这些方面，这算是心到。还要手到。拿起笔来写，硬是按照所知的办，占多占少，该正该斜，是长是扁，较大较小，都合乎字的本形，这就是手到。这样心手俱到，就能做到间架合式。

字是一行一行写的，无论横行直行，行与行之间要有适当的距离。就一行说，横行要左右齐平，直行要笔直到底。这就叫行款。为什么要这样？也无非要看起来方便。如果行与行挤得很紧，各行又写得弯弯扭扭，看起来就很不方便。字写在有格子的纸上，行款当然有了保证，但是也不一定。如果不受格子的约束，行与行之间的距离就可能不显明了或者没有了，左右齐平或者笔直到底就可能谈不上了。所以在有格子的纸上写字，一定要受格子的约束，不要向格子争自由。进一步说，在没有格子的纸上写字，心目中也要在纸上打无形的格子，受它的约束。没有格子的纸是常常要用的，不能说没有格子就不写。而且练习正该用没有格子的纸，没有格子而能写得跟有格子一样，行款就真有把握了。还有一点要说的。一封信，一份稿子，前后字迹一样，行款一律，看着就很悦目。叫人看着悦目，也是写字的人应该做到的，并非过分的要求。因此，有一些容易犯的毛病要注意克服。开头留心笔画间架，写到后来就不怎么留心了，开头注意行和行距，写到后来就不怎么注意了，这些都是容易犯的毛病。知道容易犯，就必须时时警惕，直到养成习惯，无论写一千字一万字，总是通体如一，功夫才算到家。前边所说的道理非常简单，重要在知而能行。任何时候拿起笔来写，不管纸上有格子没格子，硬是当心行款，硬是写得一落匀，这样心手俱到，就能做到行款整齐，通体匀称。

辨别容易缠误的笔画，认清各个字的本形，明白行款和通体匀称的必要，都不须特别花时间。只要心思放在上头，有几分钟空闲就可以看一看，想一想，日积月累，所知就丰富了，印象也深刻了。花时间的是练字，不要说多，认认真真练三百个字，就得花二十分钟。如果每天有二三十分钟的时间练字，当然很好，但是没有也不妨事。前边不是屡次说过拿起笔来写吗？所谓拿起笔来写，指一切写字的时候，写信，写笔记，写板书，写稿子，全是拿起笔来写。信，笔记，板书，稿子，固然为了实际需要而写，但是写这些东西同样是一个字一个字地写，跟练字并无分别，故而也就是练字。咱们天天为了实际需要而写字，其实是天天在练字，更不必特别划出练字的时间。假如特别划出时间练字，可能引起这样的想法，练字是“练”，要认认真真，为实际需要而写字不是“练”，无妨马虎点儿。这样的想法显然很不对头，练字的唯一目的，不正是要在实际应用的时候写得好些吗？假如“练”跟实际应用不分开，认定拿起笔来写的时候全是练字的时候，这样的想法就决不会引起了。

也许有人要说，为了实际需要而写字总要写得快些，都像练字那样写，不嫌太慢吗？这里头仿佛看出了写得好与写得快之间有点儿矛盾。果真有矛盾吗？可以说有，也可以说没有。要是在实际应用的时候图快随便写，久而久之，成为习惯，那么即使特别安排时间练字，而且认认真真地练，快与好还是有矛盾。实际应用的时候写得快，可是不好，练字的时候写得比较好，可是不快，这不是矛盾吗？要是实际应用的时候跟练字的时候一样认认真真地写，固然慢一点儿，但是久而久之，成为习惯，写得比较好就靠得住了，而熟能生巧，越熟越快，这就达到快与好没有矛盾。从此可知，要达到快与好没有矛盾，不能先讲快，要在好的基础上求快，不能忘了好，随你写得怎么快也要留神写得好，因为写得好是没有止境的。

还有一个问题：练字要不要看看碑帖，临临欧褚颜柳，研究研究执笔法“永字八法”之类？假如有兴趣，有时间，干这些事当然也可以。不过要知道，这些事虽然属于练字的范围，跟咱们所说的练字却是两回事。干这些事，是把写字看成一种艺术，目的在继承传统而又能推陈出新，成为写字的艺术家。艺术家自然很好，但是人人当写字的艺术家，似乎不必。咱们所说的练字是把写字看成一种技能，这种技能涉及对人的态度，因而人人必须学好。学好并不难，只要做到前边所说的十六个字。记住一句话，拿起笔来的时候决不马虎，就一定能做到这十六个字。

1963年5月21日作，

刊7月5日《中国青年报》，署名叶圣陶。

给与学生阅读的自由

我们知道现在中等学校里，对于学生课外阅读书报，颇有加以取缔的。取缔的情形并不一律。有的是凡用语体文写作的书报都不准看。说用到语体文，这批作者就不大稳当，却没有想到给学生去死啃的教科书大多数是用语体文写作的。有的是开列一个目录，让学生在其中自由选择。说目录以外的书报都要不得，谁不相信，偏要弄几种来看，只有一个断然处置的办法——没收！有的更温和一点，并不说不许看什么，却随时向学生劝告，最好不要看什么。一位教师在自修室外面走过，瞥见一个学生手里正拿着一本所谓最好不要看的东西，他就上了心事，跑去悄悄地告诉另一位教师说："某某在看那种东西了呢！"那诧怪和怜悯的神情，仿佛发现了一个人在偷偷地抽鸦片。于是几位教师把这事记在心上，写上怀中手册，直到劝告成功，那学生明白表示往后再不看那种东西了，他们才算在心上搬去了一块石头。——这虽然温和一点，然而也还是取缔。

这样把学生看作思想上的囚犯，实在不能够叫人感服。学生所以要找一点书报来看，无非想明白当前各方面的情形，知道各式各样的生活而已。既已生在并非天下太平的时代，谁也关不住这颗心，专门放在几本教科书几本练习簿上。当然，所有的书报不尽是对于学生有益处的。但只要学校教育有真实的功效，学生自会凭着明澈的识别力，排斥那些无益的书报。现在不从锻炼学生的识别力入手，只用专制的办法来个取缔，简便是简便了，然而要想想，这给与学生的损害多么重大！把学生的思想范围在狭小的圈子里，教他们像号子里的囚犯一样，听不见远处的风声唱着什么曲调，看不见四围的花木显着什么颜色。这样寂寞和焦躁是会逼得人发疯的。我们曾经接到好些地方学生寄来的信，诉说他们被看作思想上的囚犯的苦恼。只要一读到那种真诚热切的语句，就知道取缔办法是何等样的罪过。

教师和学生，无论如何不应该对立起来。教师不是专制政治下的爪牙，学生不是被压迫的民众。教师和学生是朋友，在经验和知识上，彼此虽有深浅广狭的差别，在精神上却是亲密体贴的朋友。学生要扩大一点认识的范围，做他们亲密体贴的朋友的教师竭力帮助他们还嫌来不及，怎忍把他们的欲望根本压了下去！我们特地在此提出来说，希望做了这种错误举动的教师反省一下，给与学生阅读的自由。

刊《中学生》杂志 72 号（1937 年 2 月 1 日），

署名编者。

小学教师的工作

一个青年人如果思想通达，懂得为人民服务的真意义，在被派到小学教师的岗位上去的时候，他一定欣然承诺。他知道值得干的事业有许多，一个人不能样样都干，只能干其中的一种；而当小学教师是值得干的事业之一，现在既然派到头上，这就是有了尽力效劳的方向，自然应该欣然承诺。

为什么小学教师值得干，可以说的很多，我只能简单说几句。不妨这么想，国家和人民把儿童交给小学教师教育和培养，这是多么重大的信托！儿童是最容易受影响的，小学教师要从各方面给他们好的影响，使他们往后升学或者就业都得到好处，一辈子立身处世都得到好处，这是多么重要的工作。受这么重大的信托，干这么重要的工作，只要是有志气的人，必然会从心底里透出一句肯定的话：小学教师确实值得干。

当小学教师可不容易，我在一九一二年开始当小学教师，当初以为教孩子们识字读书学算术，没有什么难。谁知道教了几天就觉得难。要他们真正领会我的讲解，难。要他们鼓起热情来答问题，做练习，难。还有揣摩他们的心理，捉摸各人的脾气，无一不难。那时候并没有人给我提示说“切莫在困难面前低头”，可是我总算不曾知难而退。随后我渐渐感到干这事业有些乐趣。全班孩子聚精会神地学功课，差不多连自身都忘了的时候，我乐。某几个孩子毫无拘束，跟我说些家里的情形或是所见所闻所想的时候，我乐。某个孩子回答问题，说得明白透彻，某个孩子练习演讲，讲得有条有理，某个孩子犯了过失，经我劝说，掉下了悔悟的眼泪，这些时候我都乐。我并不是说那时候我已经懂得孩子。老实说，懂得孩子是一门大学问，我至今还没有参透这门大学问，可是我确实不曾把小学教师这个岗位看作“鸡肋”。现在想来，大概就在其中有乐趣。

我拿这一点儿经验，告诉准备走上小学教师岗位的青年人，希望他们不要以为这事儿很容易。虽然不容易，只要随时留心随时想，在工作中历练，这事儿也就不太难。而越来越多的乐趣，全是工作有进步的标志。这些乐趣，这些进步，会巩固他们的事业心，甚至愿意当一辈子的小学教师，像苏联影片里的那个乡村女教师那样。

人们常说“教学相长”。教孩子学习各种学科，最要紧的是教师自己熟习那些学科。所谓熟习，意思是不仅记住那些学科的内容，而要把那些内容消化了，随时随处都能拿出来运用。熟习是没有止境的，在教中可以学，向年长于我的同事学，向我所教的一班孩子学。怎么说向我所教的一班孩子学呢？他们天天在我面前上课游戏，做种种活动，只要我能随时留心随时想，这些个全是活生生的教材，随时在那里教我怎样懂得他们，怎样教他们。

除了一边教一边想办法，还要抽时间进修。有些教师不这么做，以为凭现有的一些知识和能力尽够对付了，以为当了教师，就可以只管“付出”，不必讲求“收入”了；结果往往会感到拮据，能“付出”的不够充裕，工作做不好，事业心也不免因而动摇。所以我要告诉准备走上小学教师岗位的青年人，在不断“付出”的岁月里，同时要源源不断地谋求“收入”——就是说要努力进修。“收入”越丰富，工作越能左右逢源。

教学方法也很重要。熟习某一学科，可是不擅长教学方法，未必能教好某一学科。不过要认清主次，一定要熟习了，才说得上教学方法；熟习还没做到，空谈教学方法有什么用？

再说，在边教边学和不断进修之中，自然会获得切合实际的方法，比较从书上看来的，从别人那里听来的，行之更为有效。要掌握教学方法，逐步改进教学方法，根本办法还在于自己不断进修，一边教一边自己动脑筋。

当教师除了教学而外，还负有教育的任务。教育是怎么一回事，专家学者可以写成很厚的书，我只能说最浅近的。我想，所谓教育，无非是从各方各面给学生好的影响，使学生在修养品德，锻炼思想，充实知识，提高能力，加强健康各方各面养成好的习惯。假如我的想法不错，那么小学教师就得在给与学生影响和养成学生习惯这两点上，特别下功夫。

刚才我说过，儿童是最容易受影响的，要使他们受到的影响全是好的，最有效的办法是教师以身作则，一言一动，全是好的。举个浅显的例子来说，要求孩子们想心思说话都有条有理，唯有教师自己想心思说话都有条有理，才能逐渐影响孩子们，使他们做到无论何时何地，想心思说话都不至于杂乱无章。如果教师不示范，只是杂七杂八三番五次地向孩子们说些必须有条有理的道理，那不是缘木求鱼吗？以身作则，这四个字可以说是教师终身的座右铭，要做到家并不容易；可是有志的教师总希望能做到家，而且做到几分，必然有几分明显的成效。

再说习惯。养成习惯不容易，习惯养成了要更改尤其难，所以在最初必须注意，要使孩子们养成好习惯。也举个浅显的例子来说，在孩子们识字之初，就注意养成他们辨认笔画和咀嚼字义的习惯，他们笔下就不会有很多错别字。现在大家看到学生笔下错别字很多，感到头痛，想方设法消灭错别字，老是消灭不了。原因何在呢？我说，原因就在于开始不曾注意使他们养成辨认笔画和咀嚼字义的好的习惯，他们就自然而然养成了忽略笔画和字义的不好的习惯。不好的习惯也是习惯，既已养成，要更改就不容易了。跟其他习惯比较起来，字写得错不错不算太重要，譬如待人接物，就比较重要。务必使孩子们养成好的习惯，而且要一开始就注意，我看也是教师终身的座右铭。

1962 年 7 月 21 日作，

刊 8 月 10 日《北京日报》，署名叶圣陶。

国文教学的两个基本观念

我们当国文教师，必须具有两个基本观念。我这么想，差不多延续了二十年了。最近机缘凑合，重理旧业，又教了两年半的国文，除了同事诸君而外，还接触了许多位大中学的国文教师。觉得我们的同行具有那两个基本观念的诚然有，而认识完全异趣的也不在少数。现在想说明我的意见，就正于同行诸君。

请容我先指明那两个基本观念是什么。第一，国文是语文学科，在教学的时候，内容方面固然不容忽视，而方法方面尤其应当注重。第二，国文的含义与文学不同，它比文学宽广得多，所以教学国文并不等于教学文学。

如果国文教学纯粹是阅读与写作的训练，不含有其他意义，那么，任何书籍与文篇，不问它是有益或者有损于青年的，都可以拿来作阅读的材料与写作的示例。它写得好，摄取它的长处，写得不好，发现它的短处，对于阅读能力与写作能力的增进都是有帮助的。可是，国文是各种学科中的一个学科，各种学科又像轮辐一样辏合于一个教育的轴心，所以国文教学除了技术的训练而外，更需含有教育的意义。说到教育的意义，就牵涉内容问题了。国文课程标准规定了教材的标准，书籍与文篇的内容必须合于这些个标准，才配拿来作阅读的材料与写作的示例。此外，笃信固有道德的，爱把圣贤之书教学生诵读，关切我国现状的，爱把抗战文章作为补充教材，都是重视内容也就是重视教育意义的例子。这是应当的，无可非议的。不过重视内容，假如超过了相当的限度，以为国文教学的目标只在灌输固有道德，激发抗战意识，等等，而竟忘了语文教学特有的任务，那就很有可议之处了。

道德必须求其能够见诸践履，意识必须求其能够化为行动。要达到这样地步，仅仅读一些书籍与文篇是不够的。必须有关各种学科都注重这方面，学科以外的一切训练也注重这方面，然后有实效可言。国文诚然是这方面的有关学科，却不是独当其任的唯一学科。所以，国文教学，选材能够不忽略教育意义，也就足够了，把精神训练的一切责任都担在自己肩膀上，实在是不必的。

国文教学自有它独当其任的任，那就是阅读与写作的训练。学生眼前要阅读，要写作，至于将来，一辈子要阅读，要写作。这种技术的训练，他科教学是不负责任的，全在国文教学的肩膀上。所谓训练，当然不只是教学生拿起书来读，提起笔来写，就算了事。第一，必须讲求方法。怎样阅读才可以明白通晓，摄其精英，怎样写作才可以清楚畅达，表其情意，都得让学生们心知其故。第二，必须使种种方法成为学生终身以之的习惯。因为阅读与写作都是习惯方面的事情，仅仅心知其故，而习惯没有养成，还是不济事的。国文教学的成功与否，就看以上两点。所以我在前面说，方法方面尤其应当注重。

现在四五十岁的人大都知道从前书塾的情形。从前书塾里的先生很有些注重方法的。他们给学生讲书，用恰当的方言解释与辨别那些难以弄明白的虚字。他们教学生阅读，让学生点读那些没有句读的书籍与报纸论文。他们为学生改文，单就原意增删，并且反复详尽地讲明为什么增删。遇到这样的先生，学生是有福的，修一年学，就得到一年应得的成绩。然而大多数书塾的先生却是不注重方法的，他们只教学生读、读、读、作、作、作，讲解仅及字面，改笔无异自作，他们等待着一个奇迹的出现——学生自己一旦豁然贯通。奇迹自然是难得出现的。所以，在书塾里坐了多年，走出来还是一窍不通，这样的人着实不少。假如先生都能够注重方法，请想一想，从前书塾不像如今学校有许多学科，教学的只是一科国文，学生花了多年的时间专习一种学科，何至于一窍不通呢？再说如今学校，学科不止一种了，学生学习国文的时间约占从前的十分之二三，如果仍旧想等待奇迹，其绝无希望是当然的。换过来说，如今学习时间既已减少，而应得的成绩又非得到不可，唯有特别注重方法，才会收到事半功倍的效果。多读多作固属重要，但是尤其重要的是怎样读、怎样写。对于这个“怎样”，如果不能切实解答，就算不得注重了方法。

现在一说到学生国文程度，其意等于说学生写作程度，至于与写作程度同等重要的阅读程度往往是忽视了的。因此，学生阅读程度提高了或是降低了的话也就没听人提起过。这不是没有理由的，写作程度有迹象可寻，而阅读程度比较难捉摸，有迹象可寻的被注意了，比较难捉摸的被忽视了，原是很自然的事情。然而阅读是吸收，写作是倾吐，倾吐能否合于法度，显然与吸收有密切的关系。单说写作程度如何如何是没有根的，要有根，就得追问那比较难捉摸的阅读程度。最近朱自清先生在《国文月刊》创刊号发表一篇《中学生的国文程度》，他说中学生写不通应用的文言，大概有四种情形。第一是字义不明，因此用字不确切，或犯重复的毛病。第二是成语错误。第三是句式不熟，虚字不通也算在这类里。第四是体例不当，也就是不合口气。他又说一般中学生白话的写作，比起他们的文言来，确是好得多。可是就白话论白话，他们也还脱不掉技术拙劣、思路不清的考语。朱先生这番话明明说的写作程度不够，但是也正说明了所以会有这些情形，都由于阅读程度不够。阅读程度不够的原因，阅读太少是一个，阅读不得其法尤其是重要的一个。对于“体会”“体察”“体谅”“体贴”“体验”似的一组意义相近的词，字典翻过了，讲解听过了，若不能辨别每一个的确切意义并且熟悉它的用法，还算不得阅读得其法。“汗牛充栋”为什么不可以说成“汗马充屋”？“举一反三”为什么不可以说成“举二反二”？仅仅了解它们的意义而不能说明为什么不可以改换，阅读方法也还没有到家。“与其”之后该来一个“宁”，“犹”或“尚”之后该接上一个“况”，仅仅记住这些，而不辨“与其”的半句是所舍义，“宁”的半句才是所取义，“犹”或“尚”的半句是旁敲侧击，“况”的半句才是正面文章，那也是阅读方法的疏漏。“良深哀痛”是致悼语，“殊堪嘉尚”是奖勉语，但是，以人子的身份，当父母之丧而说“良深哀痛”，以学生的身份，对抗战取胜的将领而说“殊堪嘉尚”，那一定是阅读时候欠缺了揣摩体会的功夫，以上只就朱先生所举四种情形，举例来说。依这些例子看，已经可以知道阅读方法不仅是机械地解释字义，记诵文句，研究文法修辞的法则，最紧要的还在多比较、多归纳、多揣摩、多体会，一字一语都不轻轻放过，务必发现它的特性。唯有这样阅读，才能够发掘文章的蕴蓄，没有一点含糊。也唯有这样阅读，才能够养成用字造语的好习惯，下笔不至有误失。

阅读方法又因阅读材料而不同。就分量说，单篇与整部的书应当有异，单篇宜作精细的剖析，整部的书却在得其大概。就文体说，记叙文与论说文也不一样，记叙文在看作者支配描绘的手段，论说文却在阐明作者推论的途径。同是记叙文，一篇属于文艺的小说与一篇普通的记叙文又该用不同的眼光，小说是常常需要辨认那文字以外的意味的。就文章种类说，文言与白话也不宜用同一态度对付，文言——尤其是秦汉以前的——最先应注意那些虚字，必须体会它们所表的关系与所传的神情，用今语来比较与印证，才会透彻地了解。多方面地讲求阅读方法也就是多方面地养成写作习惯。习惯渐渐养成，技术拙劣与思路不清的毛病自然渐渐减少，一直减到没有。所以说阅读与写作是一贯的，阅读得其法，阅读程度提高了，写作程度没有不提高的。所谓得其法，并不在规律地作训诂学、文法学、修辞学与文章学的研究，那是专门之业，不是中学生所该担负的。可是，那些学问的大意不可不明晓，那些学问的治学态度不可不抱持，明晓与抱持又必须使他成为终身以之的习惯才行。

以下说关于第二个基本观念的话。五四运动以前，国文教材是经史古文，显然因为经史古文是文学。在一些学校里，这种情形延续到如今，专读《古文辞类纂》或者《经史百家杂钞》便是证据。“五四”以后，通行读白话了，教材是当时产生的一些白话的小说、戏剧、小品、诗歌之类，也就是所谓文学。除了这些，还有什么可以阅读的呢？这样想的人仿佛不少。就偏重文学这一点说，以上两派是一路的，都以为国文教学是文学教学。其实国文所包的范围很宽广，文学只是其中一个较小的范围，文学之外，同样包在国文的大范围里头的还有非文学的文章，就是普通文。这包括书信、宣言、报告书、说明书等应用文，以及平正地写状一件东西、载录一件事情的记叙文，条畅地阐明一个原理发挥一个意见的论说文。中学生要应付生活，阅读与写作的训练就不能不在文学之外，同时以这种普通文为对象。若偏重了文学，他们看报纸、杂志与各科课本、参考书，就觉得是另外一回事，要好的只得自辟途径，去发现那阅读的方法；不要好的就不免马虎过去，因而减少了吸收的分量。再就写作方面说，流弊更显而易见。主张教学生专读经史古文的，原不望学生写什么文学，他们只望学生写通普通的文言，这是事实。但是正因所读的纯是文学，质料不容易消化，技术不容易仿效，所以学生很难写通普通的文言。如今中学生文言的写作程度低落，我以为也可以从这一点来解释。如果让他们多读一些非文学的普通文言，我想文言的写作或许会好些。很有些人，在书塾里熟读了“四书”“五经”，笔下还是不通，偷空看了《三国演义》或者《饮冰室文集》，却居然通了，这可以作为佐证。至于白话的写作，国文教师大概有这样的经验，只要教学生自由写作，他们交来的往往是一篇类似小说的东西或是一首新体诗。我曾经接到过几个学生的白话信，景物的描绘与心情的抒写全像小说，却与写信的目的全不相干。还有，现在爱写白话的学生多数喜欢高谈文学，他们不管文章的体裁与理法，他们不知道日常应用的不是文学而是普通文。认识尤其错误的，竟以为只要写下白话就是写了文学。以上种种流弊，显然从专读白话文学而忽略了白话的普通文生出来的，如果让他们多读一些非文学的普通白话，我想用白话来状物、记事、表情、达意，该会各如其分，不至于一味不相称地袭用白话文学的格调吧。

学习图画，先要描写耳目手足的石膏像，叫作基本练习。学习阅读与写作，从普通文入手，意思正相同。普通文易于剖析、理解，也易于仿效，从此立定基本，才可以进一步弄文学。文学当然不是在普通文以外别有什么方法，但是方法的应用繁复得多，变化得多。不先作基本练习而径与接触，就不免迷离惝恍。我也知道有所谓“取法乎上，仅得其中”的说法，而且知道古今专习文学而有很深的造诣的不乏其人。可是我料想古今专习文学而碰壁的，就是说一辈子读不通写不好的，一定更多。少数人有了很深的造诣，多数人只落得一辈子读不通写不好，这不是现代教育所许可的。从现代教育的观点说，人人要作基本练习，而且必须练习得到家。说明白点，就是对于普通文字的阅读与写作，人人要得到应得的成绩，决不容有一个人读不通写不好。这个目标应该在中学阶段达到，到了大学阶段，学生不必再在普通文的阅读与写作上费工夫了——现在大学里有一年级国文，只是一时补救的办法，不是不可变更的原则。

至于经史古文与现代文学的专习，那是大学本国文学系的事情，旁的系就没有必要，中学当然更没有必要。我不是说中学生不必读经史古文与现代文学，我只是说中学生不该专习那些。从教育意义说，要使中学生了解固有文化，就得教他们读经史古文。现代人生与固有文化同样重要，要使中学生了解现代人生，就得教他们读现代文学。但是应该选取那些切要的、浅易的、易于消化的，不宜兼收并包，泛滥无归。譬如，老子的思想在我国很重要，可是，《老子》的文章至今还有人作训释考证的功夫而没有定论，若读《老子》原文，势必先听取那些训释家考证家的意见，这不是中学生所能担负的。如果有这么一篇普通文字，正确扼要地说明老子的思想，中学生读了也就可以了解老子了，正不必读《老子》原文。又如，历来文家论文之作里头，往往提到神理、气味、格律、声色的话，这些是研究我国文学批评的重要材料，但是放在中学生面前就不免徒乱人意。如果放弃这些，另外找一些明白具体的关于文章理法的普通文字给他们读，他们的解悟该会切实得多。又如，茅盾的长篇小说《子夜》，一般都认为是精密地解剖经济社会的佳作，但是它的组织繁复、范围宽广，中学生读起来，往往不如读组织较简范围较小的易于透彻领会。依以上所说，可以知道无论古文学现代文学，有许多是中学生所不必读的。不读那些不必读的，其意义并不等于忽视固有文化与现代人生，也很显然。再说文学的写作，少数中学生或许能够写来很像个样子，但是绝不该期望于每一个中学生。这就是说，中学生不必写文学是原则，能够写文学却是例外。据我所知的实际情形，现在教学生专读经史古文的，并不期望学生写来也像经史古文，他们只望学生能写普通的文言，而一般以为现代文学之外别无教材的，却往往存一种奢望，最好学生落笔就是文学的创作。后者的意见，我想是应当修正的。

在初中阶段，虽然也读文学，但是阅读与写作的训练应该偏重在基本方面，以普通文为对象。到了高中阶段，选取教材以文章体制、文学源流、学术思想为纲，对于白话，又规定“应侧重纯文艺作品”，好像是专向文学了，但是基本训练仍旧不可忽略。理由很简单，高中学生与初中学生一样，他们所要阅读的不纯是文学，他们所要写作的并非文学，并且，唯有对于基本训练锲而不舍、熟而成习，接触文学才会左右逢源、头头是道。

我的话到此为止。自觉说得还不够透彻，很感惭愧。

1940 年 8 月 18 日作，

原题《对于国文教育的两个基本观念》。

刊《中等教育季刊》创刊号（9 月 30 日），署名叶绍钧。

文言的讲解

国文课里读到文言，就得作一番讲解的功夫。或者由同学试讲，由教师和其他同学给他订正（讲得全对，当然无须订正）；或者径由教师讲解，同学们只需坐在那儿听。两种方法比较起来，自然前一种来得好。因为让同学们试讲和订正，同学们先做一番揣摩的功夫，可以增进阅读的能力。坐在那儿听固然很省事，不大费什么心思，可是平时自己阅读没有教师在旁边，就不免要感到无可依傍了。

不妨想一想，为什么要讲解？回答是：因为文言与咱们的口语不一样。

像有一派心理学者所说，思想的根据是语言，脱离语言就无从思想。就咱们的经验来考察，这种说法大概是不错的。咱们坐在那儿闷声不响，心里在想心思、转念头，的确是在说一串不出声的语言——朦胧的思想是不清不楚的语言，清澈的思想是有条有理的语言。咱们心里也有不思不想的时候，那就是心里不说话的时候。思想所根据的语言当然是从小学会的最熟习的口语。现在咱们想心思、转念头，都是在说一串不出声的口语。这也是作文该写口语的一个理由。心里怎样想就怎样写出来，当然最为亲切，不但达意，而且传神传情。

依此推想，古来人思想所根据的是他们当时的口语，写下来就是现在咱们所谓文言。咱们说古来人，包括不同时代的人。时代不同，语言也有差异。所以文言这个名词实在包含着多种的语言。还有须知道的，古来人虽然根据他们当时的口语来思想，待写下来的时候，为了书写的方便，把他们的口语简缩了，这是很寻常的事情；因而文言与他们的口语多少有些出入。还有，后一时代的人也可以学习前一时代的语言，用前一时代的语言来写文章，或者参用一些前一时代的语言来写文章（其实就是根据前一时代的语言来思想），而且不限于前一时代，尽可以伸展到以前若干时代；因而某一时代的文言大都不纯粹是某一时代的语言，往往是若干时代的语言的混合体。还有，文言中间也有并非任何时代的口语，而是一种人工的语言，例如骈体文。骈体文各句的字数那么整齐，通体全是对偶，又要顾到声音的平仄：哪一时代的人口头曾经说过那样的话？的确，没有一个时代的人口头曾经说过那样的话，那是一种人工的语言。用骈体文来写作的人，他平时的思想当然也根据他当时的口语，但是他要作骈体文的时候，就得把他的思想加一道转化的功夫，转化为根据那种人工的语言来思想，这才写得成他的骈体文；或者他对于那种人工的语言非常熟习了，像对于他当时的口语一样，因而也不需要什么转化的功夫，他要写骈体文就可以自然而然地根据那种人工的语言来思想（这种经验咱们也有的。咱们写现代文，自然是根据咱们的口语来思想。但是咱们也可以写文言；在初学的时候，是加一道转化的功夫，转化为根据文言来思想；到了熟习的时候，要写文言就径自根据文言来思想了。岂但本国文字，咱们还可以写外国文呢；在初学的时候，是加一道转化的功夫，转化为根据外国语来思想；到了熟习的时候，要写外国文就径自根据外国语来思想了）。

写作的方面且不多说，这一回单说理解的方面——理解文言的方面。咱们是根据现代的语言来思想的，而文言是根据以前若干时代的混合语言来思想的（咱们的语言里当然也混合着以前若干时代的语言；但是以前语言里的若干部分，咱们的语言里不用了，这是减；以前语言里所没有的部分，咱们的语言里却产生出来了，这是加；一减一加，这就成为与以前语言不一样的现代语言），这其间就有了距离。咱们要彻底地理解文言，须做到与那些文言的作者一样，能够根据文言来思想。凡是能够通畅地阅读文言的人都已达到了这个境界。他们在阅读文言的时候，抛开了从小学会的最熟习的口语，仿佛那文言就是他们从小学会的最熟习的语言，他们根据这个来领受作者所表达的一切。但是，初学文言的人就办不到这一层。他们还没有习惯根据文言来思想，对着根据文言来思想的文言，只觉得到处都是别扭似的。消除那些别扭须做一道转化的功夫。根据咱们的口语是怎么说的，根据文言就该怎么说，要一点一滴地问个清楚，搞个明白；反过来，自然也知道根据文言是怎么说的，根据咱们的口语就该怎么说。这就是转化的功夫。转化的功夫做到了家，口语与文言的距离消失了。遇见文言就可以根据文言来思想来理解，与平时根据口语来思想一样。其实这时候已经多熟习了一种语言（文言）了，正同熟习了一种外国语相仿。

那转化的功夫就是讲解。讲解其实就是翻译。不过就习惯说，翻译是指把外国语文化为本国语文，与讲解不一样。但是，现在学校里测验学生文言阅读的程度，往往选一段文言文，让学生“翻译为口语”。这个“翻译”显然就是“讲解”。

作外国语文的翻译，须能够根据外国语来思想，理解它表达的是什么，然后在本国语言里挑选最恰当的语言把它表达出来。无所谓“直译”与“意译”，翻译的正当途径就只有这么一条。文言的讲解也是如此。

这一回只说些抽象的话。下一回再举些具体的例子，继续谈文言的讲解。

1947 年 11 月 1 日发表，

原题《讲解》。

再谈文言的讲解

上一回谈文言的讲解，说了些抽象的话。这一回举些具体的例子，继续谈文言的讲解。

一个字往往有几个意义。在从前，几个意义都有人用。到后来，某一个或某几个意义很少人用了，咱们姑且叫它作“僻义”。如果凭着常义去理解僻义，那必然发生误会。例如《诗·豳风·七月》中有“八月剥枣”的话，咱们现在常说剥花生、剥瓜子，好似正与“剥枣”同例。但是这个“剥”字并不同于剥花生、剥瓜子的“剥”，这个“剥”字是“攴”的假借字，“攴枣”是把枣树上结着的枣子打下来。又如《诗·小雅·渐渐之石》中有“月离于毕”的话，咱们现在说起来，“离”是离开，“月离于毕”是月亮离开了毕宿（星宿）。但是这个“离”字并不是离开，它的意义正与离开相反，是靠近。“月离于毕”是月亮行近了毕宿。屈原的《离骚》，

《史记·屈原传》中解释道："离骚者，犹离忧也。"这两个"离"字都不是离开，是遭遇，遭遇与靠近是可以相贯的。

文言中常不免有些僻义的字。倒不一定由于作者故意炫奇，要读者迷糊，大都还是他们熟习了那些僻义，思想中想到了那些字，就用出来了。咱们遇到那些字，若照常义去理解，结果是不理解。欲求理解，就得自己发现那些僻义，多找些例句来归纳，或者查字典，再不然就去请教人家。如果自己研究既怕麻烦，请教人家又嫌啰唆，不理解的亏还是自己吃的。

文言中有些词语与现在说法不同。如"犊"字，咱们说"小牛"，"与某某书"的"书"字，咱们说"信"或"书信"。这只要随时随字留意，明白某字现在该怎么说，从而熟习那些字，直到不用想现在该怎么说，看下去自然了悟。又如从前人文中常用"髫龀"，寻求字义，"髫"是小儿垂髻，"龀"是小儿毁齿。可是咱们遇见"髫龀之年"四个字，如果死讲作"垂头髻毁牙齿的年纪"，这就别扭了。咱们思想中从来没有这么个想法，口头上也从来没有这么个说法。咱们应该知道这四个字只是说幼年时候，大约七八岁光景。从前人说"髫龀之年"，正同咱们说"七八岁光景"一样。"髫"字、"龀"字什么意义固然要问个明白，可是对于"髫龀之年"还得作整个的理解，不必垂头髫啊毁牙齿啊什么的。

又如“倚闾之情”，如果死讲作“倚靠着里门的心情”，简直不成话。“愿共赏析”讲作“愿意跟您一同欣赏分析”，“颇费推敲”讲作“着实要花一番考虑”，话是成一句话，可是不够透彻。原来“倚闾”“赏析”“推敲”都是有来历的。“倚闾”出于王孙贾的母亲口里，她说儿子不回家，她就“倚闾而望”。(《战国策·齐六》)“赏析”是简约陶渊明的两句诗组成的，那两句诗是“奇文共欣赏，疑义相与析”(《移居》)。“推敲”是韩愈和贾岛的故事，他们两个共同考虑一句诗中的一个字，用“推”好还是“敲”好。下笔的人知道这些来历，他们写“倚闾之情”，先记起王孙贾的母亲的话，就用这四个字来表达望儿心切的意思。他们写“愿共赏析”，先记起陶渊明那两句诗，所以“赏析”两个字中特别含着欣赏文章解析文章的意思。他们写“颇费推敲”，先记起韩愈和贾岛的故事，所以用“推敲”两个字虽不一定说作诗，可特别含着认真考虑反复考虑的意思。咱们遇见这些语句，当然也得知道“倚闾”“赏析”“推敲”的来历，才可以不发生误会，理解得透彻。这样的语句，文言中非常多。“不求甚解”，固然也可以对付过去。可是，如果要不发生误会，理解得透彻，就必须探求来历。最简捷的办法是勤查辞书。

文言中的单音词，咱们现在多数说成复音词。咱们看起来，单音词含混，复音词明确。在理解文言的当儿，得弄清楚文中的这个单音词等于现在的哪个复音词，待习惯成自然，就能够凭单音词理解，不至于含混。譬如一个“神”字，“祭神如神在”的“神”，咱们现在说“神道”；“神品”的“神”，咱们现在说“神妙”；“神与古会”的“神”，咱们现在说“精神”；“了不惊愕，其神自若”的“神”，咱们现在说“神态”。初学的时候必须逐个逐个对译，以求理解的明确，而同时，目的在养成习惯，达到单看上下文就知道是哪个“神”字的境界。

文言语句中各部分的次序，有的和现在的口语一致，有的不一致。所谓一致，就是文言怎么排列，现在的口语也怎么排列。譬如“喜食草实”是文言句，咱们现在说起来就是“喜欢吃草的子儿”，排列的次序彼此相同，不过把“喜”说成“喜欢”，“食”说成“吃”，“草实”说成“草的子儿”罢了。在这一类古今次序相同的语句里，有一点可以注意的，就是文言常有略去的部分，须由读者意会，按现在的说法说起来，那略去的部分往往必须说出。譬如《礼记·檀弓》“苛政猛于虎”那一节中，那妇人说明了公公、丈夫、儿子都被虎害了，孔子就问她："何为不去也？"妇人回答说："无苛政。"这在咱们说起来，就得说"这儿没有苛酷的政治。"《檀弓》的原文可没有相当于"这儿"的词语，须意会才能辨出。

所谓不一致，就是语法的不一致，文言的语法是这样，现在口语的语法却另是一样。这须得两两比较，求得贴切的讲解，最后目的还在习惯那些文言的语法。譬如文言"糊之以漆纸"也可以作"以漆纸糊之"，"覆之以布"也可以作"以布覆之"，现在口语却只说"用漆纸糊上它""用布盖着它"（次序与"以漆纸糊之""以布覆之"相同），若照"糊之以漆纸""覆之以布"的次序说成"糊上它用漆纸""盖着它用布"，就不成话。又如文言："子何好？""子何能？"现在口语说成："您喜欢什么？""您会干什么？""何好"与"喜欢什么"，"何能"与"会干什么"，次序刚好颠倒。文言"吾不之惧""吾未之信"，现在口语说成"我不怕他""我没有相信这个"，"之惧"与"怕他"，"之信"与"相信这个"，次序也刚好颠倒。这些都属于语法研究的范围。研究了语法就知道通则，无论文言或现在的口语，这样说才合于约定俗成的通则，不这样说就违背了通则。熟习了种种通则，听人家的话，读人家的文章，自然不至于错解误会。自己发表些什么，或者用口，或者用笔，也可以正确精当，没有毛病。

关于讲解，可以说的还很多。现在因为赶紧要付排，姑且在此截止，以后有机会再谈。

1948 年 1 月 1 日发表，

原题《再谈讲解》。

怎样教语文课

——在呼和浩特跟语文教师的讲话

今天我只对语文教学问题谈一些个人的想法和看法，供同志们参考。如果有不对的地方，请大家提出来，以便彼此补充，互相纠正，得出比较正确的意见。

在语文教学中，近年来提出一个“文与道”的问题，大家讨论得很起劲，《文汇报》和《光明日报》上发表了很多文章。“文与道”的问题，原来不是语文教学方面的问题，而是文学创作方面的问题，即为什么要写文章和写些什么的问题。古代韩愈曾主张“文以载道”，也就是说，作文章无非是要阐明“道”。古代所谓的“道”，具体内容是什么，我们且不去管它。用现代的话说，“道”就是政治思想。那么“文以载道”，就是说文章要表达政治思想，要为政治服务。另外有一派人不这样想，他们从孔子的话“盍各言尔志”中取两个字，主张“文以言志”。他们认为写文章是表达自己的思想情感，不一定要讲什么大道理，有什么思想情感，就表达什么思想情感。一派“载道”，一派“言志”。但是实际上，主张“言志”的人所写的文章，谈的也是他们自己的“道”。可以这么说，没有无“道”的文章。换句话说，写文章总是反映作者的世界观。说得浅显一点，世界观就是人们对事物和周围环境的看法，大至宇宙世界，小至一花一草。有什么样的世界观就会写出什么样的文章，决不能脱离自己的世界观而写出文章来。在一篇文章中，或者明显地、直接地，或者曲折地、隐晦地，归根结底都是反映作者的看法。写山水的诗，也是反映作者的看法。写文章不比简单的拍照。即使以拍照来说，为什么要取这样一个场面，不取另外一个场面，为什么要从这个角度拍，不从另外一个角度拍，也都反映拍照的人的看法。因此，可以说文章没有不反映作者的看法的。

我们在学校中教语文，应如何对待“文与道”的问题呢？报纸上登的文章很多了。有些文章似乎把作者和教学工作者混起来了，好像是在谈创作问题。我认为对语文教学来说，只要把文章讲透了，也就是“文”与“道”兼顾了。那么怎样才算把文章讲透了呢？所谓讲透，就是让学生充分领会和消化文章的内容，变成他们自身的东西，化为他们生活中的一部分。比如教了某篇讲公社的文章。文章把公社描写得很好。老师把这篇文章讲了以后，仅使学生对公社的性质、组织有更明确的认识还不够，还应通过这篇文章使学生思想情感上有所变化和提高，从内心受到感染，更加热爱公社。同时还应把这篇文章的思维方法、语言的运用方法讲透，使学生学习了这篇文章以后，在思维方法和语言运用上也有变化和提高，能在生活中运用这种思维方法思考问题，运用这种语言说话写文章。在讲解的时候，一定要靠讲明语言的运用和作者的思路——思维的发展来讲内容。要知道作者为什么要这么说而不那么说，为什么用这一个词而不用那一个词，为什么用这种口气而不用那种口气，所有这些，都跟文章表达的内容密切相关的。不能把两者分开来讲，这一堂讲思想内容，另一堂专门讲语言；只有把两者结合起来，这堂课才算成功。总之，讲一课书，不仅是使学生多知道一些东西而已，重要的在使学生真实受用，不只是一天两天受用，而是一辈子受用。实际上，不仅是教语文如此，教其他各科都如此，要使学生一辈子受用。

讲透课文，这件事的本身就是一项重要的政治工作。在学校里，历史、地理、物理、化学等课是分科教学的；而在语文课本中，也选入一些关于社会科学和自然科学的文章。

这些文章与各科的课本不同，往往富有文学意味。学校中单设有政治课，而语文教材中也选入一些政论文。因此，语文课除了该科本身的教学任务外，还要使学生获得各科的知识和教养，又不是代替各科。再说，人从会说话起就开始动脑筋，想心思，能养成良好习惯，终身受用不尽。如果我们通过语文课，训练学生从小就好好动脑筋，提高他们的思维能力和说话能力，这对他们的学习和将来的工作都有极大的好处。我们常说某人的语文水平跟不上知识水平，就是指思维能力和说话能力跟不上。因此，中央和各级教育部门都很注意语文训练，并已收到了一定的效果，但是还不够。有些人写不好工作中需用的文稿，有些人大学毕业了，当了助教，不能独立阅读必需参考的古籍，还得请人教。如果我们能在普通教育阶段，就把学生的语文水平提高到应有的水平，那不就是完成了一项很大的政治工作吗？至于讲一篇课文是否要外加政治思想内容，我想不需要了，把课文本身讲透就尽够了。刚解放的几年，很盛行离开课文讲一些大致与课文相同的政治道理。这个风气直到现在还没有完全改变。上半年我在四川参观一所学校，教师讲一篇诗“一家人”，这一家的成员都是公社的先进模范人物。教师的讲法并不是通过讲透课文使学生受到感染，有动于衷，发出“唔！”“啊！”的感叹，真正爱慕这一家人，从而更热爱公社。教师的讲法是离开了课文大讲其公社，而把课文作为公社如何美好的例证。这位教师实际上忘记了自己是在教语文课了。

有些教师往往说，“某篇文章看不出它有什么政治思想意义”，实际上是把政治思想意义看得太狭窄了。我是参加编课本的工作的，在编辑工作中也有类似的情形。总认为只有和当前形势和中心任务有关的文章才富有政治思想意义。要多一些政治，用心当然是好的。但是实际上，这样做不是政治多了而是政治少了，直到最近听了几次报告，才明白这个道理。再说，这种必须结合当前形势和中心任务的要求，报纸可以做到，杂志也可以做到，教科书是很难做到的，因为从编辑到出版总得花一年的时间。政治思想的范围是很广的。我们需要记住，我们所培养的是建设社会主义的接班人。他们要担当各方面的工作，所需要的知识是很广的。只要这样想，就可以跳出狭窄的小圈子，选材的范围自然会扩大了，凡是有助于培养合格的接班人的有教育意义的文章都可以选。而且除了课本之外，还有补充教材和乡土教材的教学时间，各地可以根据具体情况，选一些有关当前形势和中心任务的教材来讲授。看来这个想法，将会成为大家共同的想法。

语文课和其他课程有所不同，比如数学，不能没有加减乘除，比如历史，不能短少汉朝唐朝，而语文课则不然。中学六年，假定要教三百篇文章，是否非教课本上所选的三百篇不可呢？不一定。不教课本上这三百篇，而另选三百篇也可以，只要文章是好的，同样可以提高学生的政治思想和语文水平。这是说语文课的教材不像数学、历史等课的教材那样固定。当然，选入语文课本的文章，通过教学实践的检验，教学效果好的会越来越多，可以固定下来的篇目也会越来越多。

上边的话是从讲透说起的。现在再说说这个“讲”字。过去的所谓“讲”，就是教师讲给学生听。私塾中讲“四书五经”。“四书”大概先讲《论语》。“五经”大概先讲《左传》。讲的办法是逐句逐句地讲。到清末兴办新学堂，新学堂里分设各门课程，其中有一门就是国文。国文的讲法继承了讲“四书五经”的传统，也是逐句逐句地讲。这种讲法是不好的，只有少数优秀的教师不采用这种讲法。讲文言文，用逐句逐句讲的办法似乎还过得去，到了五四运动以后，小学课本全换成了语体文，中学里是语体文文言文都教，再用逐句逐句讲的办法，问题就出来了。比如“一天早上”该怎么讲呢？所以当时语文教师说语体文没法教。有的教师干脆把课本里的语体文放过不讲，只讲文言文，因为逐句逐句地讲还可以消磨四十五分钟。现在一部分学校中还在用逐句逐句讲的办法。我认为教文言文也不应该逐句逐句讲，至于逐句逐句讲语体文，那简直是浪费学生的时间和精力。所谓讲，应当理解为给学生以指点和引导，使学生逐步达到能自己阅读。假如一篇文章，学生能充分理解，那么教师就用不着讲了。解放后有一个时期，有些人反对学生预习，认为学生预习了，教师的主导作用就不能发挥了。现在是大部分人倾向于主张预习，我也主张预习。学生预习而领会了的就不必再讲。去年教育部派人到各地了解语文教学情况，也找了一些学生座谈。有一个学生说："老师讲得太多了，对我们没有好处。我们预习《粮食的故事》一课，读过几遍非常感动，几乎掉下泪来。后来老师在课堂上讲解，左分析，右分析，把一篇文章拆得零零碎碎，讲了些空泛道理，我们听了，反而把感动冲淡了。"这样看来，学生能够理解和领会的东西，教师完全可以不讲。学生了解不透领会不深的地方，才需要教师给以指点和引导，但是也不宜讲得很多很琐碎。教师要善于引导学生自己多动脑筋，适当地多动脑筋，脑筋是不会受伤的。学生自己动脑筋，得到的东西格外深刻，光听教师讲，自己不思考，得到的东西就不太深刻。经过教师指导，学生还是不能自己了解、自己领会，那就只好由教师讲了，还得注意讲得多而啰唆不如讲得少而精。总之，讲的目的，在于达到不需要讲。如果一个教师能做到上课不需要讲，只作一些指点和引导，学生就能深刻理解，透彻领会，那就是最大的成功。这样做能使学生读了若干文章以后，触类旁通，自己去领会别的文章。学生必须学会自己读书，不能老是带着一位教师给他讲，所以我们要培养学生独立读书的能力。

要做到讲好，教师只熟悉一套课本是很不够的。你要讲透一篇文章，首先自己要喜爱这篇文章，知道这篇文章好在什么地方，对这篇文章有深刻的感受。作者写一篇文章，来源是多方面的，如思想修养、生活经验、组织能力、写作技巧等等。在这种种方面，教师如果有和作者相差不太远的水平，就能很好地理解这篇文章，把文章讲透，根据学生的实际指导学生阅读。死守一套课本就做不到这样。因此，要求教师多多读书，不断提高自己，力求达到与作者相差不远的水平。有的教师说："我只有一杯水，要教给学生一杯水，那是很难教好的。要教给学生一杯水，我至少要有一桶水，这样才能随机肆应，左右逢源。"这个意思很好。当然并不意味着教师要留一手，而是说只有教师自己懂得多，懂得广，懂得深，才能真正教好课文。

各地都有教师提出：政论文应该如何教？我认为政论文

也和其他课文一样地教。现在觉得政论文不容易教，恐怕是有些教师对政治理论、方针政策和当前形势的学习不够，政治和历史知识还嫌欠缺的缘故。还有些人说教政论文怕讲错了犯错误，实际上你并不是写政论文而是讲人家的政论文，要是你能像其他文章一样地理解透彻，怎么会讲错呢？所以说，认为政论文不容易教，主要是个学习问题。学习要看怎样学，如果没有很好地动脑筋，真正下功夫去学，即使经常捧着书本还是得不到什么东西。有些人不看《人民日报》的社论，有些人看了，可是不求甚解，有些人不关心党的政策，不关心国内外的形势，这就很难怪对政论文觉得无从下手了。要能够很好地理解和分析政论文，非得加强学习下苦功不可。

政论文往往有一百个字以上的长句子，这就需要运用语法知识把它剖析清楚，看哪是主语，哪是主要动词，哪些是句子的主要成分，哪一个词语是修饰哪一部分的，限制哪一部分的。然后再看第二句和第一句是什么关系，第三句和第二句又是什么关系，第二段和第一段是什么关系，第三段和第二段又是什么关系，以至通篇是如何结构的。重要的地方可以用红笔蓝笔分别画出来。只要经常这样练习，有几个月的工夫就熟练了。碰到一篇文章，一看就会知道这篇文章为什么提出这个问题，论点论据有哪些，思路是怎样展开的，怎样推理和得出结论的。这个办法并不难做，大家不妨试试看。

现在大家都很注意语文课中的基本训练。基本训练确然要加强。在基本训练中，最重要的还是思维的训练，不要只顾到语言文字方面，忽略了思维的训练。各门功课都和思维的训练有关，特别是语文课是着重训练思维的。语言是和思维分不开的。语言是思维的固定形式。只有想清楚了，才能说清楚。我们常说某人说话写文章没有条理。没有条理，就因为他没有养成很好的思维习惯，乱七八糟地想了，也就乱七八糟地说了写了。所以教语文的一项很重要的任务就是训练学生的思维，训练思维的材料就是课文。一篇篇的课文都是作者动了脑筋写出来的。在学习一篇文章时，就要学习作者是怎样动他的脑筋的，看作者是怎样想和怎样写的。教师一方面给学生指点和引导，一方面督促学生练习，这就是训练。语言的训练，要让学生在语言实践中去领会，去比较，这从小学阶段起就应注意。小孩从小就学会说话，说一些简单的话是不会违反语法的，但是说一些复杂的话，就不免要犯语法上的错误。我们给学生一些语法训练，目的就在使他们由不自觉达到自觉，即使说复杂的话也能百分之百的准确，不犯语法错误。如果使学生自觉地知道为什么这句问话后边该用“吗”，那句问话后边该用“呢”，那么他们在任何时候用“吗”用“呢”都不会用错了。在中学里还要教一些修辞的知识，篇章结构的知识，这些方面的知识化为思维和语言的习惯了，运用的时候就会自觉地不犯错误。对于我们当教师的来说，应当系统地学习语法修辞等知识，达到非常熟练。但是在教学生时，不宜像你自己学习的时候一个样，只要教一些最简要的，主要在使学生能实际运用。我们过去编的一部汉语课本就没有注意这一点。学生不是专门研究语法修辞的，所以教师不需要把自己所知道的全都教给学生，只要让学生知道和掌握所需要的最基本的东西就够了。前边说过，在语文课的基本训练中，语言文字的训练和思维的训练关系很密切，所以我希望教师们把心理学中语言和思维的关系问题好好地看看。这也不是为了教给学生，而是为了指导学生和改进我们的语文教学工作。

在基本训练方面，有人说有些教师要求得不严格。所谓要求严格，并不是说要留很多作业，让学生连吃饭睡觉和玩的时间都没有，而是说学生应该掌握的东西如果还没有掌握，教师就决不放手，直到学生切实把这些知识变成生活里的东西才罢休，不能认为教过一次就算了。比如写字问题，现在有些学生写字很不认真，潦潦草草，一篇文章里有几十个错别字。这不仅是基本训练不够的问题，也是学习态度不够端正的问题。如果一个学校的风气好，各科教师都注意这个问题，学生的学习态度端正，写起字来就不会那么潦草，不会那么错误。兰州职工子弟小学有一位李景兰老师，她教的学生个个写字较好，错字也很少。原因是这位教师把学生的学习态度培养好了。假若一个班的学生学习态度好，不仅写字写得好，读书也一定认真仔细。反之，写字马虎潦草的学生，他们读起书来难道会认真仔细吗？对于一个个字，你要是不动脑筋去分辨，写字时不能心到手到，那总是容易写错的。仔细辨认，养成手到心到的习惯，那就不会错了。对于错别字问题，大家很伤脑筋。这个问题要从根本上解决，就是端正学习态度，造成事事认真的风气。我们对写字的要求很简单，只要求笔画清楚，不错，无论横写竖写，行款整齐，这就够了，并不要求学生成为书法家。写字的基础在小学就应该打好。

作文教学应当和阅读教学联系起来。把课文讲好，使学生学习每篇文章的思路是怎样发展的，语言怎样运用的，这就是很好的作文指导。不要把指导阅读和指导作文看成两回事。平时让学生作文，出题非常简单。要让学生写他们知道的或者经历过的事物。如组织学生到什么地方去参观，就让学生写参观所看到的东西。总之，要让学生写脑子里有的东西。现在学校里，教师和学生经常接触，不像旧社会的学校那样，师生只在课堂上见见面，现在的教师是完全有条件知道学生脑子里有什么没有什么的。

作文教学要收效，我认为首先要做到以下两点：第一，让学生深刻理解作文的重要。在现代的社会里，光靠口说是不够的，处处需要动笔写。动笔写文章应该是人人必须具备的一种技能；第二，让学生喜欢作文，对作文深感兴趣。现在有些学生怕作文，我家几个孙子里就有怕作文的。学生怕作文，不能完全怪学生，恐怕教师也有责任。比如出的作文题，学生没有什么可说的，或者学生作文中有些优点，没有适当地给他鼓励，这些都会使学生扫兴，渐渐讨厌作文。如果学生觉得作文并不重要，又没有兴趣，作文还能作好吗？所以教师应千方百计地引导学生，使他们懂得作文的重要，使他们喜欢作文。至于如何做到这两点，请教师们多想办法。

要教好作文，教师自己也要常常动笔，深切体会作文的甘苦。这样才能作切实的指导，光给学生讲一些作文的方法是不够的。

再说作文的批改问题。在作文教学中，事先指导得好，批改就容易，事先指导得不好，那高高的一叠作文本，批改起来真有点儿可怕。批改的时候，通行在学生的作文后边加批语，这是旧社会传下来的，不管是否需要，往往空空洞洞地批八个大字，如“清畅流利”之类。这实在没有多大意义，不如实事求是，在横头加一些小批语，指出学生作文中的优点或毛病。对全篇确有可说的，就加批语，如学生进步很快，总的优点在哪儿等。如没有什么可说的，就可以不批。

教师改作文，对于那些改动的地方，必须说得出所以改动的理由来。为什么这几个字多了？为什么这句话不通顺？为什么这个词用得不对？为什么要添几个字或者去掉几个字？教师要想清楚了再改动。所谓改动，实际是改学生的思维，是帮助学生把那些想得不完整的地方改正过来。教师不要替学生写文章，不要把学生的文章勾掉抹掉，再大段大段地替他说些话。假如学生作文中出现了一些反动的话，这就不是怎么给他改的问题了。必须引起所有学校教师的注意，共同来找一下原因，研究这个学生为什么会说出这样的话来。这应当是全校教育工作中的问题，不只是语文教学中的问题。在批改方面还有很重要的一点，就是必须想种种办法使学生注意和了解他的作文为什么要这么改。这一点要是做不到，学生对改过的地方毫不理会，那么你辛辛苦苦的批改功夫就白下了。每个学生如果能每个学期轮到一回，当面看教师批改，或者与教师共同商量着改，那是很有好处的。或者教师和几个学生在一起改，让一个学生读，大家来听。看哪里多了字，哪里少了字，哪个词用得不确切，哪里不通顺，毛病在什么地方。找出这些毛病以后，如果学生经过思索自己能改正，教师就不用改了。如果学生感到困惑，不知道该怎么改才合适，教师再给他启发指导，或帮助他改。这个办法对学生的帮助很大，不仅在学校里，对自己的子弟也可以试一试。如果能多来几回，学生的作文一定会进步很快。

还有一个问题，如果学生喜欢写文艺作品，教师是没有理由反对的，应该帮助他。但是必须明确，语文课并不是要学生搞创作，并不是培养作家的。那是另外一回事。

我说了很多，不甚有条理，占用大家很多时间，对大家帮助不大，非常抱歉。

1961 年 9 月 8 日讲话记录，无标题。

当语文教师的准备

——跟北师大中文系学生讲话的提纲

师范生自己宜为研究者，并为熟习者。但出而任教，不宜令学生亦为研究者。能令学生于阅读时多加练习，知道最重要的几条规律，养成敏捷的语感，即可。

例如：语音——自己要掌握语音学知识，可是作教时不必讲这些知识，能口耳接受，使发音准确，即可。尤其教方言区学生，要掌握对应规律，使能扼要练习，举一反三。

语法——自己要掌握较系统之语法知识。作教时尽可从观察语言现象入手，令做练习。如一句分两部分，两部分都可以加上修饰或限制，各种附加语都是修饰或限制之扩大，前后呼应之不可忽略，等等。出习题固是练习，随时留心，察其正误，也是练习。练习多了，熟了，敏捷的语感即养成了。

修辞——自己亦需略有系统知识。作教时首先要使学生知道修辞并非“外加”，而是表达的本身的要求。如反诘语、重叠语，如比喻，如拟人，都是谁都经常用的。学生在读写中，应学会体会得透，应用得适当，如此而已。

逻辑——自己亦需略有系统知识。首先宜令注意概念（用词）之正确与一致，判断之确切（成句），推理之合理（联成若干句）。四个律恐亦不必抽象地讲，唯须于指导时运用其精神即可。

篇章结构——要令学生看出作者之思路。不唯议论文如此，文艺性文章亦宜察其思路，如何创造境界，描绘形象。总之，无非要领会其中心意旨，根本思想。阅读如此，令学生作文，则在引导他们自己整理思路，编成大纲。大纲或许是粗线条，在动笔之际，在成篇之后，还得加密地整理。凡是修改，全是修改思想。思想须修改，语言当然须修改，因为思想不是凭空的，是用语言的形式来固定的。

以上说的都是语言训练方面的事，但是也牵涉到思维训练。总之，教师要教这些，必须有比较全面的知识，而且有熟练的运用技能。如果仅仅知道三四分或一二分，那就连三四分或一二分也教不好。又如作文，教师要教好作文，固然要研究些方法，如何指导，如何批改，如何评讲，但是尤其重要的，教师自己有丰富的作文经验，深知其中甘苦。假如自己经验不多，指导和评讲或将是公式化的，批改也可能不中要害。你们将来要教学生作文，改作文，现在作文要特别留意。现在知道其中甘苦，将来对于学生就能多所助益。

“以身作则”说到此为止。换言之，先求诸己而后求诸人，必须充实自己，才能教好学生，在教育工作中尽光荣的责任。

以下再说一些。所谓教师之主导作用，其义在“引导”，并非一切由教师主动，学生处于被动地位，只听教师讲说。譬如走路，教师指点一下，或者在前边走，路还是要学生自己走。引导之后，学生能自己理解，自己练习，教师又何必多事口说？要在学生走不通的时候，才给他们扼要点明。教师不能一辈子跟着学生，学生必须随时读写，直到老年，这又是必须让学生自动发挥他们积极性、创造性的理由。所以，径直讲课不如布置预习，径直说明不如提出适当的问题，安排适当的练习，让他们自求得之，如有不合，才给他们纠正或补充。这些常识或许你们的老师早经说过，我以为当任何学科的教师都宜如此，所以在此说一说。

你们要多多参观，最近去过五个中学，听十三位教师讲课和发文课，这是最好的事。不要参观了就算，要细心考虑，他们的长处在哪儿。所谓长处，就是对学生非常有益的教学活动。你们还可以设想，要是我去教这堂课，我去发这些作文本儿，还有什么地方可以改进。

你们要多多接触中学生。自己是中学生过来的，家里的弟妹现在或许正是中学生，了解当前中学生的精神面貌，你们并不困难。现在在师院，你们应当为准备当教师而了解中学生。

你们要更深更透地体会教育方针的精神。无产阶级政治，是怎样的意思？服务，怎样才服务得好？教育与生产劳动相结合，究竟怎样结合？从在校的学习，从自己的实践，从学习毛泽东著作，从看书看报，从参观访问，只要随时记住，随时都会有新的体会。而这些体会，都将影响你们将要从事的教学工作，会使你们左右逢源，当成具有积极性、创造性的语文教师。

教育革命，浪潮掀动全国。学科中，教学中，少慢差费之现象不少，势在必改。现在的教师，将来的教师（你们），都要在“改”的高潮中贡献全力，这也就是“为无产阶级政治服务”。祝你们加强努力，做奋勇当先的促进派。

1963 年 2 月 26 日与北师大中文系毕业班讲话提纲。

论国文精读指导不只是逐句讲解

教书逐句讲解，是从前书塾里的老法子。讲完了，学生自去诵读；以后是学生背诵，还讲，这就完成了教学的一个单元。从前也有些不凡的教师，不但逐句讲解，还从虚字方面仔细咬嚼，让学生领会使用某一些虚字恰是今语的某一种口气；或者就作意方面尽心阐发，让学生知道表达这么一个意思非取这样一种方式不可；或者对诵读方面特别注重，当范读的时候，把文章中的神情理趣，在声调里曲曲传达出来，让学生耳与心谋，得到深切的了解。这种教师往往使学生终身不忘；学生想到自己的受用，便自然而然感激那给他实益的教师。这种教师并不多，一般教师都只逐句讲解。

逐句讲解包括解释字词的意义，说明成语典故的来历这两项预备工作；预备工作之后，把书面的文句译作口头的语言，便是主要工作了。应用这样办法，论理必作如下的假定：

假定学生无法了解那些字词的意义，假定学生无法考查那些成语典故的来历，假定学生不能把书面的文句译作口头的语言。不然，何必由教师逐一讲解？假定读书的目标只在能把书面的文句译作口头的语言；译得来，才算读懂了书。不然，何以把这一项认为主要工作而很少顾及其他？还有，假定教学只是授受的关系，学生是没有能力的，自己去探讨也无非徒劳，必待教师讲了授了，他用心地听了受了，才会了解他所读的东西。不然，何不让学生在听讲之外，再做些别的工作？——教师心里固然不一定意识到以上的假定；可是，如果只做逐句讲解的工作，就不能不承认有这几个假定。而从现代教育学的观点，这几个假定都是不合教学的旨趣的。

从前书塾教书，不能说没有目标。希望学生读通了，写通了，或者去应科举，取得功名；或者保持传统，也去教书；或者写作书信，应付实用：这些都是目标。但是能不能达到目标，教师似乎不负什么责任。一辈子求不到功名的，只怨自己命运不济，不怪教师；以误传误当村馆先生的，似是而非写糊涂书信的，自己也莫名其妙，哪里会想到教师给他吃的亏多么大？在这样情形之下，教师对于怎样达到目标（也就是对于教学方法），自然不大措意。现在的国文教学可不同了。国文教学悬着明晰的目标：养成阅读书籍的习惯，培植欣赏文学的能力，训练写作文章的技能。这些目标是非达到不可的，责任全在教师身上；而且所谓养成，培植，训练，不仅对一部分学生而言，必须个个学生都受到了养成，培植，训练，才算达到了目标。因此，教学方法须特别注重。如果沿袭从前书塾里的老法子，只逐句讲解，就很难达到目标。可是，熟悉学校情形的人都知道现在的国文教学，一般地说，正和从前书塾教书差不多。这不能说不是一个相当严重的问题。

阅读书籍的习惯不能凭空养成，欣赏文学的能力不能凭空培植，写作文章的技能不能凭空训练。国文教学所以要用课本或选文，就在将课本或选文作为凭借，然后种种工作得以着手。课本里收的，选文入选的，都是单篇短什，没有长篇巨著。这并不是说学生读一些单篇短什就够了。只因单篇短什分量不多，要做细琢细磨的研读功夫正宜从此入手；一篇读毕，又来一篇，涉及的方面既不嫌偏颇，阅读的兴趣也不致单调，所以取作精读的教材。学生从精读方面得到种种经验，应用这些经验，自己去读长篇巨著以及其他的单篇短什，不再需要教师的详细指导（不是说不需要指导），这就是略读。就教学而言，精读是主体，略读只是补充；但就效果而言，精读是准备，略读才是应用。精读与略读的关系如此，试看，只做逐句讲解的工作，是不是就尽了精读方面的指导责任？

所谓阅读书籍的习惯，并不是什么难能的事，只是能够按照读物的性质作适当的处理而已。需要翻查的，能够翻查；需要参考的，能够参考；应当条分缕析的，能够条分缕析；应当综观大意的，能够综观大意；意在言外的，能够辨得出它的言外之意；义有疏漏的，能够指得出它的疏漏之处：到此地步，阅读书籍的习惯也就差不多了。一个人有了这样的习惯，一辈子读书，一辈子受用。学生起初当然没有这样的习惯，所以要他们养成；而养成的方法，唯有让他们自己去尝试。按照读物的性质，作适当的处理，教学上的用语称为“预习”。一篇精读教材放在面前，只要想到这是一个凭借，要用来养成学生阅读书籍的习惯，自然就会知道非教他们预习不可。预习的事项无非翻查、分析、综合、体会、审度之类；应该取什么方法，认定哪一些着眼点，教师自当测知他们所不及，给他们指点，可是实际下手得让他们自己动天君，因为他们将来读书必须自己动天君。预习的事项一一做完了，然后上课。上课的活动，教学上的用语称为“讨论”，预习得对不对，充分不充分，由学生与学生讨论，学生与教师讨论，求得解决。应当讨论的都讨论到，须待解决的都得到解决，就没有别的事了。这当儿，教师犹如集会中的主席，排列讨论程序的是他，归纳讨论结果的是他，不过他比主席还多负一点责任，学生预习如有错误，他得纠正，如有缺漏，他得补充，如有完全没有注意到的地方，他得指示出来，加以阐发。教师的责任不在把一篇篇的文章装进学生脑子里去；因为教师不能一辈子跟着学生，把学生所要读的书一部部装进学生脑子里去。教师只要待学生预习之后，给他们纠正，补充，阐发；唯有如此，学生在预习的阶段既练习了自己读书，在讨论的阶段又得到切磋琢磨的实益，他们阅读书籍的良好习惯才会渐渐养成。如果不取这个办法，学生要待坐定在位子上，听到教师说今天讲某一篇之后，才翻开课本或选文来；而教师又一开头就读一句，讲一句，逐句读讲下去，直到完篇，别无其他工作：那就完全是另一回事了。

首先，这里缺少了练习阅读最主要的预习的阶段。学生在预习的阶段，固然不能弄得完全头头是道；可是教他们预习的初意本来不要求弄得完全头头是道，最要紧的还在让他们自己动天君。他们动了天君，得到理解，当讨论的时候，见到自己的理解与讨论结果正相吻合，便有独创成功的快感；或者见到自己的理解与讨论结果不甚相合，就作比量短长的思索；并且预习的时候绝不会没有困惑，困惑而没法解决，到讨论的时候就集中了追求解决的注意力。这种快感、思索与注意力，足以鼓动阅读的兴趣，增进阅读的效果，都有很高的价值。现在不教学生预习，他们翻开课本或选文之后又只需坐在那里听讲，不用做别的工作；从形式上看，他们太舒服了，一切预习事项都由教师代劳；但是从实际上说，他们太吃亏了，几种有价值的心理过程都没有经历到。第二，这办法与养成阅读书籍的习惯那个目标根本矛盾。临到上课，才翻开课本或选文中的某一篇来；待教师开口讲了，才竖起耳朵来听；这个星期如此，下个星期也如此，这个学期如此，下个学期也如此，还不够养成习惯吗？可惜养成的习惯恰是目标的反面。目标要学生随时读书，而养成的习惯却要上课才翻书；目标要学生自己读书，而养成的习惯却要教师讲一句才读一句书。现在一般学生不很喜欢而且不很善于读书，如果说，原因就在国文教学专用逐句讲解的办法，大概也不是过火的话吧。并且逐句讲解的办法，对于一篇中的文句是平均看待的，就是说，对于学生能够了解的文句，教师也不惮烦劳，把他译作口头的语言，而对于学生不甚了解的文句，教师又不过把他译作口头的语言而止。如讲陶潜《桃花源记》，开头“晋太元中，武陵人捕鱼为业”，就说：“太元是晋朝孝武帝的年号，武陵是现在湖南常德；晋朝太元年间，武陵地方有个捕鱼的人。”凡是逢到年号，总是说是某朝某帝的年号；凡是逢到地名，总是说是现在某地；凡是逢到与今语不同的字或词，总是说是什么意思。如果让学生自己去查一查年表、地图、字典、辞典，从而知道某个年号距离如今多少年；某一地方在他们居处的哪一方，距离多远；某一字或词的本义是什么，引申义又是什么：那就非常亲切了，得到很深的印象了。学生做了这番功夫，对于“晋太元中，武陵人捕鱼为业”那样的文句，自己已能了解，不需再听教师的口译。现在却不然，不管学生了解不了解，见文句总是照例讲，照例口译；学生听着听着，非但没有亲切之感与很深的印象，而且因讲法单调，不需口译的文句也要口译，而起厌倦之感。我们偶尔听人演说，说法单调一点，内容平凡一点，尚且感到厌倦，学生成月成年听类似那种演说的讲解与口译，怎得不厌倦呢？厌倦了的时候，身子虽在座位上，心神却离开了读物，或者“一心以为有鸿鹄将至”，或者什么都不想，像禅家的入定。这与养成读书习惯的目标不是相去很远吗？曾经听一位教师讲曾巩《越州赵公救菑记》，开头“熙宁八年夏，吴越大旱；九月，资政殿大学士右谏议大夫知越州赵公，前民之未饥，为书问属县……”在讲明了“熙宁”“吴越”“资政殿大学士”“右谏议大夫”“知”之后，便口译道:“熙宁八年的夏天，吴越地方遇到大旱灾；九月间，资政殿大学士……赵公，在百姓没有受到灾患以前，发出公文去问属县……”若照逐句讲解的原则，这并没有错。可是学生听了，也许会发生疑问:(一)遇到大旱灾既在夏天，何以到了九月间还说“在百姓没有受到灾患以前”呢?(二)白话明明说“在百姓没有受到灾患以前”，何以文句中的“前”字装到“民”字的前头去呢?这两个疑问，情形并不相同:(一)是学生自己糊涂，没有辨清“旱”和“饥”的分别;(二)却不是学生糊涂，他正看出了白话和文言的语法上的异点。而就教师方面说，对于学生可能发生误会的地方不给点醒，对于学生想要寻根究底的地方不给指导，都只是讲如未讲。专用逐句讲解的办法，不免常常有这样的情形，自然说不上养成读书习惯了。

其次，就培植欣赏文学的能力那个目标来说，所谓欣赏，第一步还在透彻了解整篇文章，没有一点含糊，没有一点误会。这一步做到了，然后再进一步，体会作者意念发展的途径及其辛苦经营的功力。体会而有所得，那踌躇满志，与作者完成一篇作品的时候不相上下；这就是欣赏，这就是有了欣赏的能力。而所谓体会，得用内省的方法，根据自己的经验，而推及作品；又得用分析的方法，解剖作品的各部，再求其综合；体会绝不是冥心盲索、信口乱说的事。这种能力的培植全在随时的指点与诱导。正如看图画听音乐一样，起初没有门径，只看见一堆形象，只听见一串声音，必得受了内行家的指点与诱导，才渐渐懂得怎么看、怎么听；懂得怎么看、怎么听，这就有了欣赏图画与音乐的能力。国文精读教材固然不尽是文学作品，但是文学与非文学，界限本不很严，即使是所谓普通文，他既有被选为精读教材的资格，多少总带点文学的意味；所以，只要指点与诱导得当，凭着精读教材也就可以培植学生的欣赏文学的能力。如果课前不教学生预习，上课又只做逐句讲解的工作，那就谈不到培植。前面已经说过，不教学生预习，他们就经历不到在学习上很有价值的几种心理过程；专教学生听讲，他们就渐渐养成懒得去仔细咀嚼的习惯。综合起来，就是他们对于整篇文章不能做到透彻了解。然而透彻了解正是欣赏的第一步。再请用看图画、听音乐来比喻，指点与诱导固然仰仗内行家，而看与听的能力的长进，还靠用自己的眼睛实际去看，用自己的耳朵实际去听。这就是说，欣赏文学要由教师指一点门径，给一点暗示，是预习之前的事。实际与文学对面，是预习与讨论时候的事。现在把这些事一概捐除，单教学生逐句听讲，那么，纵使教师的讲解尽是欣赏的妙旨，在学生只是听教师欣赏文学罢了。试想，只听内行家讲他对于图画与音乐的欣赏，而始终不训练自己的眼睛与耳朵，那欣赏的能力还不是只属于内行家方面吗？何况前面已经说过，逐句讲解，把它译作口头的语言而止，结果往往是讲如未讲，又怎么能是欣赏的妙旨？如归有光《先妣事略》末一句，“世乃有无母之人，天乎痛哉！”要与上面的话连带体会，才知道是表达孺慕之情的至性语。上面说母亲死后十二年，他补了学官弟子；这是一件重要事，必须告知母亲的，母亲当年责他勤学，教他背书，无非盼望他能得上进；然而母亲没有了，怎么能告知她呢？又说母亲死后十六年，他结了婚，妻子是母亲所聘定的，过一年生了个女儿；这又是一件重要事，必须告知母亲的，母亲当年给他聘定妻子，就只盼望他们夫妇和好，生男育女；然而母亲没有了？怎么能告知她呢？因为要告知而无从告知，加深了对于母亲的怀念。可是怀念的结果，对于母亲的生平，只有一二“仿佛如昨”，还记得起，其余的却茫然了；这似乎连记忆之中的母亲也差不多要没有了。于是说“世乃有无母之人，天乎痛哉！”好像世间不应当有“无母之人”似的。由于怀念得深，哀痛得切，这样痴绝的话不同平常的话，正是流露真性情的话。这是所谓欣赏的一个例子。若照逐句讲解的原则，轮到这一句，不过口译道：“世间竟有没有母亲的人，天啊！哀痛极了！”讲是讲得不错。但是，这篇临了，为什么突兀地来这么一句呢？母亲比儿子先死的，世间尽多，为什么这句中含着“世间不应当有的‘无母之人’似的”的意思呢？对于这两个疑问都不曾解答。学生听了，也不过听了“世间竟有没有母亲的人，天啊！哀痛极了！”这么一句不相干的话而已；又哪里会得到什么指点与暗示，从而训练他们的欣赏能力？

再其次，就训练写作文章的技能那个目标来说。所谓写作，也不是什么了不得的事。从外面得来的见闻知识，从里面发出的意思情感，都是写作的材料；哪些材料值得写，哪些材料值不得写，得下一番选剔的功夫。材料既选定，用什么形式表现它才合式，用什么形式表现它就不合式，得下一番斟酌的功夫。斟酌妥当了，便连布局、造句、遣词都解决了。写作不过是这么一个过程，粗略地说，只要能识字能写字的人就该会写作。写作的技能所以要从精读方面训练，无非要学生写作得比较精一点。精读教材是挑选出来的，它的写作技能当然有可取之处；阅读时候看出那些可取之处，对于选剔与斟酌就渐渐增进了较深的识力；写作时候凭着那种识力来选剔与斟酌，就渐渐训练成较精的技能。而要看出精读教材的写作技能的可取之处，与欣赏同样（欣赏本来含有赏识技能的意思），第一步在对于整篇文章有透彻的了解；第二步在体会作者意念发展的途径及其辛苦经营的功力。真诚的作者写一篇文章，绝不是使花巧，玩公式，他的功力全在使情意与文字达到个完美的境界；换句话说，就是使情意圆融周至，毫无遗憾，而所用文字又恰正传达出那个情意。如范仲淹作《严先生祠堂记》，末句原作“先生之德，山高水长，”李泰伯看了，叫他把“德”字改为“风”字；又如欧阳修作《醉翁亭记》，开头历叙滁州的许多山，后来完全不要，只作“环滁皆山也”五字：历来传为写作技能方面的美谈。这些技能都不是徒然的修饰。根据《论语》“君子之德风”那句话，用个“风”字不但可以代表“德”字，并且增多了“君子之”的意思；还有，“德”字是呆板的，“风”字却是生动的，足以传达德被世人的意思，要指称高风亮节的严先生，自然用“风”字更好。再说《醉翁亭记》，醉翁亭既在滁州西南琅琊山那方面，何必历叙滁州的许多山？可是不说滁州的许多山，又无从显出琅琊山，唯有用个说而不详说的办法作“环滁皆山也”，最为得当。可见范仲淹的原稿与欧阳修的初稿都没有达到完美的境界，经李泰伯的代为改易与欧阳修的自己重作，才算达到了完美的境界。要从阅读方面增进写作的识力，就该在这等地方深切地注意。要从实习方面训练写作的技能，就该效法那些作者的求诚与不苟。无论写一个便条，记一则日记，作一篇《我的家庭》或《秋天的早晨》，都像李泰伯与欧阳修一样的用心。但是，国文教学仅仅等于逐句讲解的时候，便什么都谈不到了。逐句讲解既不足以培植欣赏文学的能力，也不足以训练写作文章的技能。纵使在讲过某一句的时候，加上去说“这是点题”或“这是题目的反面”，“这是侧击法”或“这是抑宾扬主法”，算是关顾到写作方面：其实于学生的写作技能并没有什么益处。因为这么一说，给与学生的暗示将是：写作只是使花巧、玩公式的事。什么“使情意圆融周至”，什么“所用文字恰正传达那个情意”，他们心中却没有一点影子。他们的写作技能又怎么训练得成功？

因为逐句讲解的办法仅仅包含（一）解释字词的意义，（二）说明成语典故的来历，（三）把书面的文句译作口头的语言三项工作，于是产生了两个不合理的现象：（一）认为语体没有什么可讲，便撇开语体，专讲文言；（二）对于语体，也像文言一样读一句讲一句。语体必须精读，在中学国文课程标准里素有规定；现在撇开语体，一方面是违背规定，另一方面是对不起学生——使他们受不到现代最切要的语体方面的种种训练。至于讲语体像讲文言一样，实在是个可笑的办法。除了各地方言偶有差异而外，纸面的语体与口头的语言几乎全同；现在还要把它口译，那无非逐句复读一遍而已。语体必须教学生预习，必须在上课时候讨论；逐句复读一遍决不能算精读了语体。关于这一点，拟另外作一篇文章细谈。

逐句讲解是最省事的办法；如要指导学生预习，主持课间讨论，教师就麻烦得多。但是专用逐句讲解的办法达不到国文教学的目标，如前面所说；教师为忠于职责忠于学生，自该不怕麻烦，让学生在听讲之外，多做些事，多得些实益。教师自己，在可省的时候正不妨省一点讲解的辛劳，腾出工夫来给学生指导，与学生讨论，也就绰有余裕了。

1941 年 1 月 7 日作，

刊《文史教育》创刊号，署名叶绍钧。

作文的练习

——跟北师大女附中语文老师讲话的提纲

作文为思考之练习，目的在养成良好之习惯，以应实际需要。

已知之事物与事理，要能完整地、条理地、准确地说出来。此为经常所需，而不为长期之练习即不易做到。故各科教学，令学生用自己的语言说出所学的东西，实为善法。而说与写又同而不同。同者，同样将胸中的东西拿出来。不同者，说当场吐语，不容间断，未免粗疏，写则比较从容，可以斟酌细想，更求精密。说可有种种辅助，写则唯有白纸黑字，欠精密即难使人通晓。还有一点，写之用较说为广。因此，除口头表达而外，学生必练习作文，以期思考之完整、条理、准确。说与写相互影响，说得好固然可以写得好，写得好的习惯养成了，也可以说得更好。

说与写均是一种技能，是运用语言文字的技能，可是究到根底，却是思考的技能。思考不是凭空的，必须凭借语言才能思考。思考放在脑子里，拿不出来，必须成为定型的语言才拿得出来（就是说出来或写下来）。这种思考的技能谁都需要练好，否则交际与交流经验以及实际工作都会有所妨碍。咱们教语文，必须认清此一要点。

今日谈作文，但是要说一说作文与讲读阅读之关系。读课文当然受到种种教育，得到种种知识，同时也从课文受到思考之训练。各篇课文不同，但是有相同之点，思想必然有一条路径，一步步进展；材料一定有个范围，不相干的不随便收入；如果是论文，赞成或反对，主张这样不主张那样，一定交代出个所以然。咱们教的时候如果给学生指点清楚，真能使学生领会，则学生每读一篇即加深一回印象，其思考习惯即于无形中受到影响。再就各篇课文的语言文字说，如词序，词义辨析，词的色彩，词语配搭，前言后语之承贯，这样那样的语气，假如估计为学生所未知者，或已知而未曾深切辨别者，简要地作一些指点，此宜为兼顾思考与语言实际之教导。

学生平时也常说话，而未尝深究，今习于深究，知思考之准确得当，归根结底在语言之准确得当，必然逐渐影响其思考习惯与语言习惯。故如此为教，比之脱离课本而徒讲篇章结构语法修辞者有效。讲课之际，自不必时时提到作文，而实则处处都与作文有关。故或以为读与作是两回事，显然不对。我竟欲谓教阅读如教得好，更不必有什么写作指导。

于是谈作文。先谈出题。题者何？思考之范围也。必以学生所有的东西作范围，或学生尚未全有，亦宜以其力所能搜求为范围。最不宜以尚在朦胧状态而思之亦想不清楚者为范围。前者之例，如平时惯出之题目，即使平日未甚措意，亦可临时观察认知。后者之例，如《鲁迅之革命精神》。前者虽或朦胧，思之即能清楚，所谓清楚，即可用具体的话说出来。后者限于识力，虽读过鲁翁之文几篇，然未易识其革命精神何在，即使焦心苦思，终于朦胧。所谓终于朦胧，即说不出具体的话。说不出而勉强说，必然前言不搭后语，必然随便凑些话来塞责。此亦可以成习惯，然此是不良之习惯，不知而乱说，甚至影响品德。故须力戒出此类题目。

出了题目，望学生和课文作者一样，在范围内思考，即在范围内说话。只要在范围内，取此取彼，或多或少，学生尽可自由，只要注意完整、条理、准确。以故提出统一提纲的办法不宜普遍用，只能相机而用，普遍用可能助长依赖性，阻碍学生之自由思考。

出题或预出，或临时出，各因其宜。大概估计需要搜材料加观察者，宜于预出。此亦甚须历练，因将来作文，颇有类此情形者。估计学生已相当明白者，可以临时出。临时出限定时间完篇，可以锻炼表达得迅速。至于防止代作而必临时出，此想殊非老师所宜存。

这儿要说到认真的态度，即要学生认真练习作文，当一回事。此不仅是语文课之事，是整个学校教育的事，从一些现象看，认真干一切，在学校教育中极需加强。不认真练，不当一回事，多练亦无益。唯有认真练，则多练一回得一回的好处。于语文课，我曾谓一使知其重要，二使感其趣味，教学乃易奏效。如何达此二者，希诸君善自为之。

务令学生自己检查修改已成之篇。此习惯必须养成，因为将来应用之际，总得要自己检查，自己修改。检查者何，检查思考是否准确得当。思考于何验之？验之于语言是否准确得当。修改者何？将思考之未尽善处改好，亦即将语言之未尽善处改好。在校作文有老师改，出了学校没有老师改，故必养成自己检查修改之习惯。且老师之改，目的也在于做到能自己改，最后阶段则达到可以少改甚至不需要改。

次说老师改。老师之改为何如事？即就学生所思考而思考之，察其是否完整、条理、准确。就根本说，在于察其思考，就形式说，则察其语言文字。思考完全合式，抓到了适当的语言文字，即不需改。凡需改者，必语言文字有不合处。其不合或应如此而如彼，或根本没说成明确的话，凡此皆思考未当，想法朦胧之故。老师为之改，即帮他想清楚，也就是帮他说明白，改就是这么一回事。

老师之改，似宜着眼于准确，不准确者改之使准确。次则着眼于条理，次序不当者，调整之使当。至于缺漏处，即欠完整处，似点明一下即可，让学生明白其所以然，自己去考虑如何补（这就说一声或批一句已可）。

老师独改，不如与学生共改，为效更大。假定学生自己已认真检查过，修改过，而犹有不合处，是必出于疏忽。师生共改，老师即宜注意引起他们自觉其疏忽。彼觉其疏忽，且能自知如何改，当然让彼自改为最妙。待老师指出某处有疏忽，而彼尚不自觉，其时必甚感困惑，于此而为之改，必较发还改本去看印入更深。此法为师生共思考，共找适当的语言，效果肯定是好的。所惜不能普遍做。总望设法能适当地做。

再说老师独改。假定改得确用心，确精细，而学生看本子不能领会，即为无效。故如何使他们领会，亦大须研究，想出好办法。如何才是真领会？必明白前之想法说法何以不合，教师之想法说法何以合，才是真领会。这样领会，对于他们的思考习惯语言习惯真有推进作用。

景山[①]之办法，令一排之学生听详讲，所讲为某一学生之作。此即合多人就一人之思考而思考之。他人虽非自己之作，而如真能用心，则于思考语言确均受训练，亦为有益。以此视之，如推广之于全班，亦复如是。若是则固不须本本均详改，略改者令其自改，改亦不必期其全改得合式，只要确有数处真说得出所以然，即是进步。唯此是否行得通，是否受舆论之同意，我不能断言。若数个学期行之而有成效，当可通行。而劳而少功之弊可免矣。

总之，一须多练，二须认真。欲其自动多练，欲其认真，必须如我所曾言，务令重之，好之。愿诸君勉之。

1962 年 5 月 7 日讲，提纲稿原无题目。

---

① “景山”，即“景山学校”。

教学举例

——语文教师讲习会上的讲稿

今天同诸位老师谈两篇东西。并不是狂妄地来讲授这两篇东西；不过说，据我的看法，像这样两篇东西，大概可以如此预备去教导学生罢了。

这番讲话，两周前在工农中学师训班已经讲过一次，这是第二次了，虽然诸位老师还是第一次听到。这是我贪图省事，免得再准备材料。

咱们教语文的，讲起原理原则方法来往往是一大套，其实也很简单，无非选几篇东西让学生看：咱们给他们指点，何处应当注意而已。学生认真地依咱们的指点去看，可以收到三种效果：

一、受到思想政治教育。语文课和政治课同而不同，目标是相同的，可是程度不同。政治课教的是关于思想政治方面的理论和知识，希望学生领受下去，食而化之。语文课大半不讲理论，也并非思想政治方面的知识，大多数选用形象化的文章，使学生在不知不觉之间受到感染，自然而然在思想行动方面逐渐提高。

二、提高读书能力。学生本来也可以看些书，但是在方法上也许不完备，因而不能透彻地了解。咱们给学生指点以后，他们了解的范围推广了，了解的程度加深了。

三、提高写作能力。对于所读的书真能了解，在写作方面不会不发生影响的。

我说得如此浅近，诸位能同意吗？我以为有些事情不贵乎求之太深。以上算是开场白。

选的这两篇东西，《“国家的”》和《三黑和土地》，都是我们新编的《语文课本》的材料。前一篇是散文，在第一册；后一篇是诗，在第三册。

教一篇文章，要学生预习，老师就先要费一点儿心，给他们若干提示。提示出得好，学生依着这些提示去预习，大概就能把这篇文章的内容方面形式方面的要点，以及含蓄在里头没有明说出来的东西全摸索出来。随便提示一些是不行的，必须提得完全，可能提出的一定要提出来。学生按着提示去想，去讨论，上课时报告一下，由老师加以纠正补充就得。逐句讲解，简直可以不必。教语体，教文言，都可以用这个办法。“白话文没法教”的顾虑，因此可以解除。

预习时要学生先读几遍，朗诵默诵都可以。这可以让他们自己考验了解的程度如何。也许第一遍念下去不顺，第二遍就顺得多了，念得顺就是粗略地了解了。有注释的，不要先看注释，实在不能自己解决时再看。然后按老师所出的提示逐一思考，做成答案。

老师给他们提示，先要自己想好，期望得到如何的答案，自己要有个数。要先检查自己，不要出没法回答和没法解决的问题。我现在以《“国家的”》为例，举些问题，希望诸位批评。

“在这篇文章里，开口说话，把一件事情告诉咱们的是谁？”“‘我们’。”——这就是正确的回答。

“所谓‘我们’，是什么样人？”除了太笨的和不用心的，一定可以回答“开坦克的”，并且会知道“是解放军中的坦克部队”。

“这篇文章是不是‘我们’的集体创作？”应当回答“不是，是‘我’，是老头儿转过来问他‘这辆铁甲车修好了，还能打仗吗’的那个‘我’”。

接着再问："这篇文章以什么东西作范围？"看过的一定能够说："关于一辆坦克车的事情。"说得详细的就是"老乡们保护着的一辆坦克车，交给解放军拉走了"。

"这事情发生在什么地方？""北京西郊警备路。"

"这篇文章所叙的占多少时间？"这希望学生算一算。头一天遇到蹬三轮的，知道有这么一辆坦克，第二天看见了坦克，又过了两天拉走，应该回答"四天"。——"两天"有两个意义：一是不确定的"两天"，如"过两天再来看你"的"两天"，一是确定的"两天"。这里的"两天"该是确定的，所以一共是"四天"。

以上各问题，并非每篇文章都要如此发问。但是这几点，在看记叙文的时候（看一篇小说一篇戏剧也一样），确乎很重要，一定要使学生经常留心，成为习惯。

往下再问：

"'我们'何以知道有这么一辆坦克？"

"这辆坦克怎么到了老乡手里？"

以上的问题用意在使学生把看明白了的，用自己的话回答出来。

"大家保护这辆坦克好几个月，给解放军拉走了，为什么没有舍不得的意思？"这个问题也许深了点儿，学生或者答不上来。老师可以告诉他们："物之所以可爱，因为它有用。老乡们知道这辆坦克是'国家的'，所以保护它，可是没有尽其用。现在拉走了，正可以尽其用，当然没有舍不得的意思。"

再可以问："老乡们虽然没有舍不得的意思，可是对这辆坦克已有了情感，从哪儿可以看出来？"回答是"从最后一句'车修好了，开到咱们村里来走走哇！'可以看出来"。

诸位老师要我说些关于语法文法的话。我不赞成单独教这个。新华书店出版的课本是有单独的语法课的，我听不少老师说："讲者无趣，听者头痛。"语法文法的名称有不同的说法。有人说："口语的法则为语法，文言的法则为文法。"又有人说："就其为语言说，都可以叫语法，文言的依据是古代语言。就其为写在纸面的文章说，都可以叫作文法。"这就弄不清了。我想将来总会有个一致的称谓的，现在我就叫它"语法"好了。我认为语法应当放在课文内教。在课文中提出一些有关语法的材料，让学生注意一下，能够触类旁通，就够了。不但语法，连修辞及作文法也可以随时教。这些东西并不艰深。例如"比喻""夸张"，就是修辞方法，任何人说话都是常用的。有人说："这样教太零碎，没有系统。"其实不然。单就语法来说，学生到毕业的时候，决不会有只懂得名词、动词，可是不懂得形容词、副词是怎么回事的事。这些东西说简单真简单，只要教得得其法。死死板板地教，确乎不如随时遇见一点教一点的好。

现在举一个例，是关于作文法的。譬如问："那一天解放军去取坦克，至少有十个人，那个村子即使很小，出来看热闹的老乡总有二三十人，那么些人聚在一起，乱七八糟的话一定说得很多，为什么不都写下来？"这个问题，学生可能答不出。老师就可以告诉他们："那一天的话，当然记不胜记。写文章不是乱说话，要有中心。一切材料都得向中心集中。这篇文章的中心是什么呢？老乡们爱护公共财物，爱国家，不是挂在口头上的，也不是听了报告学来的，他们既痛恨国民党反动派，又多少和人民自己的解放军有了接触，遇见了反动派遗留下来的这辆坦克，就加意保护它，这是自发的一种爱国的行为。这是这篇文章的中心。所有对话，凡是跟中心有关的都记下来了，无关的，一句也不要。"所有的记叙文大多有对话，一篇小说，一篇传记，其中的对话全是这样来的。这一点必须使学生明白。

还可以让学生研究一下，这篇文章有没有毛病？从前教国文的老师总爱做文章的辩护律师，永远是"文章好呀，好文章！"咱们现在不必再当这义务律师了。文章有不好处，就说不好。例如本文末一节，“正要开走，又听见那个老头儿……”是哪个老头儿呢？有人说：“前两天有过一个老头儿出场的。”但是事情隔了两天，作者至少应该说“两天前见过的那个老头儿”，这才没有漏洞。像这种地方，让学生练习眼光也好。

这篇文章，老师们必然同意它的政治性强。讲的时候，自然不妨提到“共同纲领”和爱护国家财物的必要，等等。学生们念过，也一定会明白。要学生多读多了解，收到潜移默化的功效，在思想政治上提高一步。不必多发空论，只需教的态度认真，准备的材料充实就够了，也不必选若干篇有关的政治论文作为补充教材。要注意到坐在对面的是小学刚毕业的孩子，他们能不能接受政治性那么强的东西。分量合适，学生能够接受，可以收到营养的效果，那才是真的强。

下面，咱们来谈谈《三黑和土地》。

有人觉得教白话诗比教白话文更讨厌。其实也有办法，还是先让学生们预习。看诗，更要多用功夫多用心。坏的诗不说，好的有分量的诗，往往只说出一部分，另外一部分没有说出来，待读者自己去体会，这就不容易看了。咱们必须把可以体会的体会出来，才算真能了解。

开头问：

“全诗共十五节，是否全说的三黑？”假若学生看清楚了，马上可以回答：“不，后十二节讲三黑，开头三节不是。”

“这首诗讲的是什么？”答：“解放之后，三黑分到了土地，他生活改变了，心理上也改变了。”

“讲三黑的十二节和头三节是如何连接起来的？”应当答：“连接在第四节第一行‘三黑就是这样的翻着土地’一行中的‘就是这样的’五个字上。假如不要开头三节，并把第四节第一行‘就是这样的’五个字删掉，这首诗也可以成立。”

“所谓‘这样’，是怎么样？”应当答：“所谓‘这样’，包括了开头三节，代替了开头三节。”

开头三节，老师可以引导学生来想一想：第一行看来平常得很，“农民”，“有了”，“土地”，就是这样三个意念。仔细一想就不怎么平常。“农民”和“土地”有一定的关系，农民种地，地归农民种，本是天经地义的事。中间插个“有了”，和从前向人家租地佃地也算是“有了”的不同；和自己没有地，只靠出卖劳动力，给地主当雇农，地主说“这块地归你种吧”，这样也算是“有了”的不同。那都不是真“有”，而现在才是的的确确实实在在“有了”土地所有权。由于这个不平常的“有了”，跟着来了新的情况，“就把整个生命投进了土地”。这是前三节的中心，接着下面三四两行，是打个比方的说法。

“二三两节说的是什么呢？”说的是农民真正有了土地之后，对土地的欢喜异常深切的情况。两节都用“恨不得”开头。“恨不得”是表示恨之深，也表示爱之深。（例如“我恨不得打死你”，是表示恨之深。男女相爱，“恨不得”打碎揉烂，两个团成一个，我里有了你，你里也有了我，是表示爱之深。）诗中的“恨不得，把每一块土”都“尝一尝”，又“恨不得自己变成一粒种子，躺在土里试一试”，都是说农民希望知道自己的土地好到什么程度。庄稼是农民最后的目标，爱土地也无非为了庄稼，所以他们就想“变成一粒种子”去“试一试”“温暖不温暖，合适不合适”。“尝”是味觉，“躺在土里试”是触觉，比较空说“想知道好到什么程度”不同，真实感丰富多了。总之，诗人用了这两节，表达了农民爱土地爱庄稼的心情。

“为什么要有说一般农民的开头三节呢？”因为三黑是一般农民中的一个。但是这三节假如删去了，也无不可。

“说三黑的十二节，应该怎样分段落？”我想学生大致会分的。“第四节到第八节是一段，说三黑翻地耙地，同时欣赏自己的土地和工作。第九节到第十二节，以蝈蝈儿为线索，把三黑幼年的心情和现在的心情作个对比。第十三十四两节是他的打算。第十五节是结束。”

让学生读过几遍之后，再想一想，看有没有可以体会的地方。从第四节的“每一寸土地都给翻起，每一块土疙瘩都给细细地打碎”，可以看出他现在工作的认真，是从前没有过的。从前翻地耙地，比较起来是马虎的。第五节的“看起来好像娘儿们刚梳的头”，这当然表示耙得又光又顺；自己的工作成绩这么好，是他的新发现，新经验，从前绝不是这样的。这是劳动力解放之后必然的现象。诗中虽无理论的话，但是咱们要注意这一点。因为有了“刚梳的头”这一个比方，三黑的心思就在欣赏自己的工作成绩方面了。以下，诗就向欣赏方面发展。第六节，“简直是一张软床。叫人想在上面打滚，想在上面多躺一躺。”——还是在欣赏刚耙的土地。“叫人”的“人”指三黑而言。第七节，“今天准备好了，叫麦籽儿睡上。”——继续欣赏，同时见出三黑把麦籽儿看得比自己还要宝贵。第八节替麦籽儿设想，整治得这么好的土地，它睡下去该如何舒服，如何与往年不同，甚至于“就想发芽，赶快钻出来吸些雨露”了。这一整段五节，写三黑在翻地耙地的工作中，产生了与往常绝不相同的感觉和心情。散文无此写法，这是诗的特点。

在第二个段落中，第九节写景最好。“看见自己种的荞麦已经开花”的“看见”二字，正像陶渊明诗中“悠然见南山”的“见”字，并非有意去看，而是无意之中看到了。我这是偶尔想起的，也许不必跟学生们说。“自己种的”值得注意。以往年年种荞麦，并不是给自己种的，今年种的才是给自己种的。第十节两个蝈蝈儿，“叫得人心里痒抓抓的好喜欢”，这一行的“人”字还是指三黑，不是泛指。第十节中“爹娘骂”“地主骂”的两个“骂”，描出了三黑的幼年时代。爹娘给人家种地，生活困难，只好强迫小孩劳动。贫苦农家的孩子在地主眼里是毫无地位的，地主骂“蹚坏了我的庄稼”，就是没有蹚坏，农家的孩子在“我的”地里乱跑也非骂不可。第十二节全节，我认为是这首诗的灵魂所在，假如得朗诵专家一念，感动人一定很深。简言之，三黑能设身处地地想，自己小时候爱捉蝈蝈儿，别的小孩必然也爱捉蝈蝈儿，这是一层。从前自己捉了，要挨地主的骂，现在自己有了地，人家的孩子来地里捉蝈蝈儿不会挨骂，这又是一层。“你来逮吧！”表现出农民与农民的爱，心情息息相通，这又是一层。像三黑当小孩时那样的时代已经过去了，这又是一层。此外该还可以体会出别的意思吧。读到这一节，就知道前几节都是给这一节作准备。

第三段落的第十三十四两节，前一节是希望“跟人家合伙”，扩大生产，后一节是打算在收获之后“买头小毛驴”，先公后私，干一些称心事儿。从他这两个打算中，咱们可以想到翻身后的农民因为生活改变，心里的想头也改变了。在以前，农民是不知道什么“合伙”的，送公粮，迟一点儿好，能赖掉更好，哪儿有当作头一要紧事办的？这些都是土改以后的新情况，农民在实际生活中受到了教育的缘故。第十四节，用的是“阳”韵，这也表示喜欢的情绪。送公粮，看闺女，都是高兴的事，在韵脚和节奏上也可以体会出来。

最后第十五节，三黑想的“翻身人儿心里真甜”，该是这首诗的中心，这首诗就是表现这一点。第一段落写三黑工作比往常好，而且自己欣赏那个“好”，是“甜”。第二段落写今昔大不同，今胜于昔，是“甜”。第三段落写两个打算，前途欢快无穷，是“甜”。最后的第四段落，明白写出了“甜”。“地里的蝈蝈儿，也叫得更欢”，更强调了这个“甜”，是三黑心里“甜”，便觉着蝈蝈儿叫得“更欢”更有劲儿了。

诗与文的分别很难说。现在把两篇合在一起看，《“国家的”》是清清楚楚地叙明了一件事，《三黑和土地》呢，除了翻地耙地是实在的事以外，全是些意思、情感和感觉，这些东西适宜作诗的材料。如果把这些东西写成散文，那就是小品文，也还是诗的味道，可以称为散文诗。

未必个个老师都善于念诗。学生人多，总有几个念得比较好的。应当让他们好好地念几遍，念的人和听的人都可以有所得。

咱们还可以问学生：

“《‘国家的’》一文中，‘我们’在内，《三黑和土地》中，作者苏金伞在内吗？”学生一定会回答：“《三黑和土地》中，苏金伞并不在内。”

“是不是三黑工作的时候，苏金伞在旁边看着他，然后写成这首诗的？”他们也会回答：“就算苏金伞在三黑身旁看着他，也不会看到他心里想的心思。”

“是三黑把心中想的告诉了苏金伞，苏金伞才写出这首诗来吗？”回答也许是“是的”，也许是“不对”。大体说来，说“不对”的对了。就是三黑告诉了苏金伞，三黑也不会说得那么细致。那么是苏金伞自己知道了三黑的意思、情感、感觉，等等，苏金伞简直像个仙人了。

到这儿，老师就可以告诉学生们：记叙文主要有两种写法，一种是第一人称的写法，如《“国家的”》，有“我们”在内，由“我们”说话，“我们”是第一人称。这一种写法决不能写人家心里的东西。人们心里在想，你怎么知道呢？有时候从人家的外表推知人家的内心，那可以写，写起来自然需要加上“仿佛”“好像”等猜度之词。

《三黑和土地》是另外一种第三人称的写法，作者不在内，讲的是三黑，用代名词是“他”，“他”是第三人称。这一种写法，作者好像仙人似的，无所不知，可以写张三李四的心事，也可以写北京和上海同一时间内的光景。对于某一对象，经过了了解，又加上想象，非用“无所不知”的写法写不可。那篇《“国家的”》也可以改用第三人称的写法写，写出来当然是另一局面了。

以上说的是关于作文方面的。关于修辞方面，在这首诗里可以提出四个比喻来谈谈。“活像旱天的鹅”，“好像娘儿们刚梳的头”，“白霎霎的像一地雪”，都说明了“像”，容易认出是比喻。还有个“简直是一张软床”，没有说明“像”，比较不容易认出。“是”是断定口气，说“是”比说“像”，力量重一点儿，“一张软床”还是个比喻。比喻的作用，谁都知道在叫人明白，可是不但在叫人明白，还在引起人家一种感觉的印象，就是听觉、视觉、触觉等等印象，看诗中四个比喻就可以证明这一点。

在《“国家的”》中，有“一看见我们是解放军”一句里的“一看见”,《三黑和土地》第一节有“一有了”和“一见了”,可以拿“一什么”来研究研究。“看见”和“一看见”意义不同,这个“一”绝非数目,而是表示迅速。说“看见”,单凭这个“看见”,一句话就可以完成,如“我看见三黑”。单凭一个“一看见”,一句话可不能完成,底下还得有一种动作,并且用“马上”“就”等词跟“一”照应,表示前一个动作一发生,后一个动作跟着就来。这一段话是关于语法方面的。

我今天就提出以上的一点材料,请诸位老师指教。

1950 年 8 月 11 日讲,

发表时题为《教学一例》。

附一：

“国家的”

（据1949年10月12日《人民日报》改编）

上个星期天，我们在马路上学习开坦克。休息的时候，有个蹬三轮儿的告诉我们：“西郊警备路也有这么一辆车，你们怎么不去弄了来呢？”

第二天，我们就到那边去看。果然有一辆小坦克，拿草盖得严严的，停在一座庙的院子里。院子的一边有间厨房，一位老乡在里头筛米。我们就问他：“这辆坦克是谁的呀？”

“国家的！”他理直气壮地回答了一句，还是低头干他的活儿。

“是国家的，我们也知道。我们问的是，谁扔在这儿的？谁给保管着的？”

这会儿，他抬起头来了，一看见我们是解放军，忙说：“哦，是同志。请坐，请坐。你们问这辆车吗？还是在围城的时候，反动派由丰台往城里头逃，到了我们村里，这辆车出了毛病，车上的人下来修理。不知谁家的孩子嚷了一声‘八路来了'，那些反动派就扔下了车，逃走了。

"大伙儿说，造一辆铁甲车得花不少的钱，扔着多可惜呀！头几天有几个开汽车的来偷过零件；大伙儿就商量好，每天晚上轮换着看管。后来觉得老停在外边还不大放心，就套上了几个驴把它拉到庙里来了。国家的东西嘛，总得大伙儿来保护。你们说，是不是？"

这时候，来了不少老乡。我们告诉他们，准备把这辆车拉回去修理。起头儿还怕他们不愿意：保管了这么些日子，一下子就给拉走了。谁知道他们都挺愿意。一位老头儿说："这再好也没有了。一来我们用不着再天天老花工夫看管，担心坏人来偷零件；二来这么好的东西扔在这儿也很可惜，解放军修好了正用得着。"他转过来问我："同志，这辆铁甲车修好了，还能打仗吗？"

过了两天，我们开一辆牵引车去拉。老乡们一听到机器的声音，都出来了，帮我们扫掉盖在车上的草。看见我们把坦克拉动了，大家都高兴得笑起来。还有人称赞："咱们解放军真有办法，一拉就拉动了。那天我们费多大的劲才拉了进来呀。这家伙搁在解放军手里，修理修理，准保能用。"

我们对他们说："这几个月来，大家辛辛苦苦看管这辆车，这么爱护国家的财物，真得谢谢你们！”他们都连声说：“国家的嘛，爱护是应该的。”

我们上了车，正要开走，又听见那个老头儿大声地说：“同志，车修好了，开到咱们村里来走走哇！”

附二：

三黑和土地

苏金伞

农民一有了土地，
就把整个生命投进了土地，
活像旱天的鹅
一见了水就连头带尾巴钻进水里。

恨不得把每一块土
都送到舌头上，
是咸是甜，
自个儿先来尝一尝。

恨不得自己变成一粒种子，
躺在土里试一试，
看温暖不温暖，
合适不合适。

三黑就是这样的翻着土地，
从东到西，从南到北，
每一寸土都给翻起，
每一块土疙瘩都给细细地打碎。

地翻好，又耙了几遍，
耙得又平又顺溜。
看起来
好像娘儿们刚梳的头。

这么松散的地
简直是一张软床。
叫人想在上面打滚，
想在上面多躺一躺。

三黑
从来没睡过这么好的床。
今天准备好了，
叫麦籽儿睡上。

这么好的床，
麦籽儿躺下去挺舒服，
就想发芽，
赶快钻出来吸些雨露。

三黑耙过地，
坐下来歇歇，
看见自己种的荞麦已经开花，
白霎霎的像一地雪。

荞麦地里
还有两个蝈蝈儿在叫唤，
吱吱吱……
叫得人心里痒抓抓的好喜欢。

小时候因为喜欢逮蝈蝈儿
常常挨骂。
爹娘骂：不好好地拾柴。
地主骂：蹚坏了我的庄稼。

现在

蝈蝈儿就在自己的地里叫，

他想招呼从地头路过的那个孩子：

“快去逮吧！你听，叫得多么好！”

他又在打算：

明年要跟人家合伙，

把地浇得肥肥的，

让庄稼长得更好，收得更多。

再买头小毛驴，

打完场，赶着送公粮，

驮着老伴儿

看闺女，上东庄。

三黑一边耙地，

一边想着，翻身的人儿心里真甜。

他笑嘻嘻的，连嘴都合不上，

地里的蝈蝈，也叫得更欢。

图书在版编目（CIP）数据

给教师的建议 / 叶圣陶著. — 北京 ：中国友谊出版公司，2019.7

ISBN 978-7-5057-4761-6

Ⅰ. ①给… Ⅱ. ①叶… Ⅲ. ①教育理论－文集 Ⅳ. ①G40-53

中国版本图书馆CIP数据核字（2019）第107282号

书名 **给教师的建议**
作者 叶圣陶
出版 中国友谊出版公司
发行 中国友谊出版公司
经销 新华书店
印刷 三河市嘉科万达彩色印刷有限公司
规格 880×1230毫米 32开
8.25印张 137千字
版次 2019年7月第1版
印次 2019年7月第1次印刷
书号 ISBN 978-7-5057-4761-6
定价 49.80元
地址 北京市朝阳区西坝河南里17号楼
邮编 100028
电话 （010）64678009

如发现图书质量问题，可联系调换。质量投诉电话：010-82069336